International Business

海外ビジネススタートの教科書

鐘井　輝
西河　豊

マーケット変化と参入方法
ケーススタディ

はじめに

　2023 年 5 月にわが国でも新型コロナウイルスが感染症法上の位置づけが季節性インフルエンザと同じ 5 類に変更された。同年 3 月にはマスクの着用が任意になっていたが、これで今まで目に見えない「壁」がこの変更により取り除かれることになった。

　現在、世界との自由な往来も徐々に再開されつつある。街には活気が戻り、海外ビジネスにおいても取り巻く環境に大きな変化がみられることになった。海外ビジネスへの参入活動はなぜ必要か。それは「国際分業」の利点を世界的に発揮させて、各国の経済水準を高めるためである。

　一般的に国内取引と海外取引の違いには、次のようなものが挙げられる。

1）契約交渉における言葉の違い

2）通貨の違い

3）法律による規制の違い

4）契約に関する商習慣の違い

5）文化の違いによる商品の好みの違い

6）宗教的に禁忌された商品の存在など

　当然海外ビジネスの当事者は、これらの点に留意しなければならない。また、海上輸送の貿易取引であれば輸送距離が長く輸送日数も多くかかるため、どの地点で商品を引き渡すか、いつの時点で商品代金を支払うか、といったことへの考慮も必要になってくる。

　一方、コロナ禍前と現在の環境変化の大きな異なりの一つに為替の変動、円安へのシフトがある。コロナ禍の 2022 年 1 月時点における為替レートは 1$＝105 円前後だったにもかかわらず、そのわずか半年後の 7 月半ばには 1$＝140 円にタッチしそうな水準にまで到達するなど、急激な円安ドル高の進行が見られた。また、同年 10 月 20 日には外国為替市場における円相場が 32 年ぶりとなる節目の 1 ドル=150 円を超えて急騰するなど、日銀による円買い介入後の 140 円台前半の高値から約 10 円も円安が進む形となった。

国際通貨基金（IMF）の調べによると新型コロナウイルス対応の世界の財政支援の総額は、これまでに 16.9 兆ドル（約 1,900 兆円）に達した（2020 年初めから 21 年 9 月 27 日まで）。新型コロナの出現で、企業や家計の経済活動が一瞬にして滞り、失われた需要を埋めるため、世界各国は未曾有の財政支援を行ってきた。

　そのような状況下、先進国の政府債務残高の国内総生産（GDP）比は2021 年に 121％となる見通しで、第二次大戦直後の 1946 年の 124％と同レベルに達している。100 年に 1 度の危機と呼ばれるコロナ禍は、大戦直後と同じような過剰な財政依存の状況を世界に作り出した。

　先進国の新型コロナウイルス対応をみると、なかでもアメリカでは新型コロナウイルスの蔓延によって労働者不足が深刻化し、生産および物流機能の低下による物資不足や賃金上昇などから、インフレ率が上昇する状況が続いていた。

　2020 年 4 月に支給された 1 回目、2020 年 12 月の 2 回目（緊急経済対策を含む包括歳出法案）、2021 年 3 月の 3 回目（米国救済計画）のコロナ禍で生活に苦しむ人への支援策として、1 人あたり最大1,400 ドル（15 万円余り）が政府により支給された。

　このように感染者数、死者数とも世界最大のアメリカでは日本の定額給付金にあたる直接給付が 3 回実施されている。

　このことで同国では過剰な需要が発生する原因となった。過剰な需要の発生によって、アメリカの物価が一時的ではなく、相応の期間にわたって上昇する展開は軽視できない状況に陥った。高インフレを抑制することを目的として、アメリカの中央銀行にあたる「FRB（連邦準備制度理事会）」が 2022 年に入ってから急ピッチで政策金利の大幅な利上げを断行した。その利上げ幅は 3 月から 7 月の間で 2.25％にまで到達するなど、稀に見る徹底的な金融の引き締めが実施された。ここまで円安が進んだ主な原因として、アメリカの利上げによって、日米間の金利差が拡大したことが挙げられる。円安により個人マネーの海外流出が懸念はあるが、反面高度技術分野の海外企業の誘致、日本製品の輸出やインバウンド消費活発化への効果も期待される。2022 年度のジェトロ

海外ビジネス調査「日本企業の海外事業展開に関するアンケート調査」をみると 2022 年度は約半数の企業が輸出数量の増加を達成している。家具や紙製品、飲食料品などの業種で海外需要の増大や円安の影響を受け、輸出の増加を後押しした。

わが国の消費動向の変化ではコロナ収束期ともいえる 2022 年にコロナ禍で各国の景気対策のための金融緩和の影響もあり、インフレが進行した。その結果、コストパフォーマスを求められる消費が加速した。また、外出が活発化したことでアパレル商品やメークアップアップ商品の購入意欲も復活してきている。さらに 2022 年からの海外からの入国規制の撤廃や規制緩和措置の結果、特に夏以降はイベントや旅行需要も回復してきている。コロナ禍下、自粛を余儀なくされていたが「脱・巣ごもり」、「観光復活」などのキーワードにみられる各種の商品や行動の復活が顕著にみられるようになった。

一方、国連の試算では世界の国内総生産(GDP 96.51 兆$、1 京 2,546 兆円)の 1 割（約 1,254 兆円）をツーリズムが占める。日本には未開拓の観光資源が多く、伸びる余地が今後も大きいといわれている。私たちが観光とは無関係と思っている生活文化、伝統、自然が旅の付加価値になりうる。良質な旅行者に満足度の高い体験を提供し、リピーターを育て、ビジネスを含め幅広い交流につなげることは可能である。観光はそのための入り口であり先行投資でもあると考えられる。

中小企業診断士として 20 年余り中小企業の支援を行うと共に幾つかの国でビジネス支援やマーケティングサポートを行った経験を生かし、本書はビジネス活動でも生かせる内容とすることに心がけた。
本書が海外ビジネスに興味を持つビジネスマンや起業家にとっていくらかでも貢献することを心から祈りたい。

2023 年 8 月

鐘井　輝

西河　豊

目　　次

海外ビジネススタートの教科書

第Ⅵ章　ビジネス参入時の異文化理解────────174

第Ⅶ章　ビジネスの基本－世界標準（グローバルスタンダード）

第Ⅰ章　近年のアジア市場の動向

　本章ではまず、東アジアとアジア主要国の消費動向をコロナ禍前と
コロナ禍下、直近の状況を日本の消費動向とも比較しながら把握し、
分析してみる。まず直近の 2022 年にヒットし、支持された商品やサー
ビスをみたうえでコロナ禍前の動向を確認し、今後のマーケットへ
の対応を考えてみたい。

　ヨーロッパではコロナによる入国制限は 2022 年 3 月以降、相次いで
完全解除された。現在、欧州の大部分の国がコロナ禍前と同様の入国
が可能になった。

　なかでも世界で一番制限解除に動いているのが東南アジアの国々で
ある。タイ・カンボジアでは入国制限が完全に解除され、ベトナムや
シンガポール、マレーシア、インドネシアでも今まで以上に簡単に旅
行できるようになっている。オセアニアでもオーストラリアやニュー
カレドニアが入国制限を撤廃した。

　アメリカ政府は入国時に義務付けていた PCR 検査による陰性証明書
の提示を 2022 年 6 月 12 日に撤廃した。

　中国では 2022 年 12 月 27 日に政府が発表した新型コロナウィルス
感染状況レベル引き下げ後の渡航前検査の緩和措置に基づき、日本か
ら中国へ渡航する際には出発時刻から 48 時間以内に PCR 検査を 1 回
行い、結果が陰性であれば渡航が可能になった。

　日本では 2022 年 10 月 11 日から、外国人の新規入国制限の見直し
に基づき、外国人観光客の入国について、受入責任者による入国者健
康確認システム（ERFS）における申請を求めないこととし（受入責任
者制度の廃止）、併せて、パッケージ・ツアーに限定する措置を解除

（個人旅行の解禁）した。「外国人観光客の受入れ対応に関するガイドライン」は同年 10 月 11 日 0 時をもって廃止された。

2023 年 5 月 8 日以降、新型コロナウィルスがインフルエンザと同じ 5 類扱いに移行する。そうなると、強制力のある検疫ができなくなることもあり（法律が変わる可能性もあるものの）日本も入国制限の大幅緩和、もしくは解除へ大きく舵を切る可能性が出てきた。

1　ウィズコロナ、アフターコロナ禍の市場動向
(1) 東アジア
〈日本 2022 年〉

図表Ⅰ-1 は日経ＭＪが 2022/12/08 付けで公表した「2022 年のヒット商品番付」である。

2022 年の東の横綱は「コスパ＆タイパ」が挙げられ、西の横綱として「＃3 年ぶり」が登場した。

東の横綱の「コスパ（コストパフォーマンス)＆タイパ（タイムパフォーマンス)」は費用対効果や時間対効果を求める消費が加速したことを示している。あらゆる商品の値上げが続く中で生活防衛意識が高まった結果、費用対効果がより重視されるようになり、ディスカウント店などでは大容量品などコスパのいい商品の売れ行きが好調だったとしている。

西の横綱は「#3 年ぶり」は、新型コロナ禍で自粛を余儀なくされていた全国の祭りや音楽フェスが再始動していることを示した。日本政府の観光促進策「全国旅行支援」や、訪日外国人の水際対策緩和で旅行需要も徐々に回復し、3 年ぶりの消費が生まれてきた。特に夏以降、全国各地でイベントや祭りが再開し、コロナ前をほうふつとさせる光景が相次いだ。10 月にはインバウンド（訪日外国人）の水際対策が大幅に緩和された。政府の観光促進策「全国旅行支援」もはじまり、旅行業界も盛り返した。祭りが貴重な観光資源である地方では地域経済回復の兆しに期待が高まった。東北三大祭りとして知られる「青森ねぶた祭」や「秋田竿燈まつり」、京都「祇園祭」の山鉾（やまほこ）巡行

が 3 年ぶりにおこなわれた。

「ワッショイ」の掛け声を自粛するなどコロナ下ならではの工夫をしながら復活した夏祭りも多い。2022 年の夏祭り開催による経済効果は推定約 4,000 億円に及ぶといわれている。

　また、大きく落ち込んでいたライブやエンターティンメント市場も再開した。国内最大級の野外音楽イベント「ロック・イン・ジャパン・フェスティバル」は千葉市に会場を移して開催された。22 万人以上が静かに熱狂した。「サマーソニック」も声援は「心の中で拍手・手拍子のみ」と呼びかけた。「フジロックフエスティバル」は 3 年ぶりに海外アーティストが参加し話題を呼んでいる。

　西の関脇に入ったのがスタジオジブリ作品の世界を再現した「ジブリパーク」である。絵コンテや小道具を展示する「ジブリの大倉庫」など 3 区画が 11 月に先行開業した。完全予約制で来年 1 月までチケットは既に完売している。

　オリエンタルランド(OLC) は 2022 年 4 月に「東京ディズニーリゾート・トイ・ストーリホテル」（千葉県浦安市）を開業した。現在もほぼ満室の状況が続いている。

「ガチャ旅」としてＪＲ西日本は「サイコロきっぷ」を 5000 円で発売した。専用アプリでサイコロを振ると、大阪市内発着で北陸から九州まで 7 駅のなかから行き先が決まる。9 月には広島市内発着のサービスもはじめた。いずれも 10 月までのサービスだったが累計購入者数は約 28 万人にのぼった。JR 東日本は 2022 年 12 月 7 日から新幹線の 47 駅からランダムに行き先が決まり、同社のポイントと往復券を交換できる制度を導入している。

　鉄道開業 150 年の今年、9 月に開業した西九州新幹線は初日の一番列車の指定席券が 10 秒で完売した。同日に運転を開始した新しい観光列車の「ふたつ星 4047」も、当日の午前便・午後便の指定席券は約 4 分で完売している。JR 九州の担当者は「開業効果を高めるために、魅力ある観光ルートの新たな構築に取り組みたい」と意気込んでいる。

　一方、外出が活発になったことでアパレルやメーキャップ製品購入

意欲高まった。新たなファッショントレンドとして登場したのがアームカバーである。若い女性を中心にアクセサリー感覚で身につける人が目立った。夏は半袖で何か物足りない時にコーディネートのアクセントや日焼け対策になり、秋冬は袖の短いトップスやワンピースと併せて着ることができる。

　眉用コンシーラーはいまだマスク着用機会が多いなか、新たな需要を捉えてヒットした。コーセーの「ヴィセリシェアイブロウェンハンサー」は5月の発売から4カ月半で年間計画を20%以上超える売り上げである。「かならぼ」（東京）の「フジコ美眉アレンジャー」など、他ブランドからも発売され、新たな化粧品のカテゴリーが生まれる契機となった。

　「長いマスク生活で顔のたるみが気になる」。中高年の悩みに応える化粧品もヒットした。9月に花王傘下のカネボウ化粧品が発売した化粧下地「トワニードラマティックメモリー」は、肌を引き上げる膜を作り、ほうれい線を目立ちにくくするとして一躍人気商品になった。資生堂が10月に発売した「SHISEIDO ビオパフォーマンススキンフィラー」は高機能な効果訴求が話題となり、発売から1カ月で売り上げが当初計画比の3倍となった。「店頭にはこの商品をめがけて来店するお客様も多い」と報告されている。

図表Ⅰ-1　日本の2022年ヒット商品

東（横綱〜前頭）

番付	商品名と寸評
横綱	コスパ&タイパ
大関	サッカーW杯日本代表
関脇	ポケットモンスター スカーレット・バイオレット
小結	ワンピース フィルム レッド
前頭	ガチャ旅
同	SHEIN（シーイン）
同	日産自動車「サクラ」
同	月見バーガー即戦
同	スパイファミリー
同	300円ショップ
同	チェンソーマン
同	眉用コンシーラー
同	東京ディズニーリゾート・トイ・ストーリーホテル
同	アームカバー
同	画像生成AI
同	日清食品「完全メシ」
同	鎌倉殿の13人
同	ながら聴きイヤホン

西（横綱〜前頭）　＃3年ぶり

番付	商品名と寸評
横綱	＃3年ぶり
大関	ヤクルト本社「ヤクルト1000／Y1000」
関脇	ジブリパーク
小結	トップガン マーヴェリック
前頭	ちいかわ
同	ユニクロ「タックワイドパンツ」
同	サイエンス「ミラブルzero」
同	カヌレ
同	silent
同	RIZAP「ちょこざっぷ」
同	すずめの戸締まり
同	たるみ対策ハイテク化粧品
同	西九州新幹線
同	スマホショルダー
同	サンスター文具 メタシル
同	UHA味覚糖 水グミ
同	若者投資
同	米グーグル「グーグルピクセル」

中央（御免）

技能賞　なりきりマイク feat. ELT　持田香織 スペシャルルーム

敢闘賞　村神様（村上宗隆）

話題賞　きつねダンス、

残念賞　羽生結弦　回転ずし業界の不祥事

《第52回》

図表Ⅰ-2 は日本経済新聞が 2022 年 12 月 22 日付で公表した 2022
年の東アジア主要国中国、韓国、台湾のヒット商品の図表である。

〈中国 2022 年〉

　入国規制が厳しかった中国では旅行の需要は冷え込んだが五輪の公
式マスコットキャラクター「ビンドゥンドゥン」が人気で商品の完売
が相次いだ。

〈韓国 2022 年〉

　韓国ではクラフトビールの流行がマッコリにも波及し、クラフトマ
ッコリを多く扱うバーも出てきた。

　韓国サムスン電形のプロジェクター「フリースタイル」は、どこでも
手軽に映像や音楽を楽しめるスタイルが受け、10〜12 月の販売台数は
1〜3 月比で 4 倍以上に拡大した。

〈台湾 2022 年〉

　台湾では「自分へのごほうび」として、日本産の高級ぶどう「シャ
インマスカット」などが人気になった。また飲食チェーンなどに容器
を持参した客への優遇措置が拡充され、マイボトルの利用が増加した。

図表Ⅰ-2　東アジア 2022 ヒット商品

東アジア2022年ヒット商品

脱・巣ごもり

中国	
ビンドゥンドゥン	北京冬季五輪公式マスコット、550万個超販売
BYDのEV	ドルフィン18万台販売（1〜11月）
スマホゲーム羊了個羊	難易度高い、同じ絵カード3つそろえて消す

韓国	
ネクストBTS	BTS後継グループ「エンハイフン」など人気に
クラフトマッコリ	クラフトマッコリを多く扱うバー、ソウルに
プロジェクター「フリースタイル」	サムスン電子のプロジェクター

台湾	
日本産高級果物	シャインマスカットなど贈答・自分へのごほうび
ホラー映画	「呪詛」は台湾初ホラー映画興行収入記録
マイボトル	容器持参客への優遇措置拡充し増加

カーボンニュートラル：温室効果ガスの排出量から吸収量と除去量を引いた合計をゼロに

出所　日本経済新聞　2022　12/22

(2)アセアン

　新型コロナウィルスの外出規制の緩和が広がり、脱巣ごもりの動きが強まった。東南アジアでは高級ホテルやテーマパーク開業・投資を決める動きが相次いだ。旅行客はコロナ前を上回る水準に戻り、東南アジアの観光業が復活してきている。

図表Ⅰ-3　アセアン主要国 2022 年ヒット商品

アセアン主要国2022年ヒット商品
電動化の波、観光復活

インドネシア

ウーリンのEV	現地生産格安EV「エアEV」、各月EVシェア7割超
納豆	スーパーで一時品切れ状態
高級ホテル	パークハイアット・ジャカルタ、7月開業

シンガポール

テスラのEV	新車登録EV10%超える
ナイトクラブ	クラブディスコ、4月再開観光客増で盛況
不動産投資	不動産投資加熱

マレーシア

BNPL後払い	バイナウペイレイター、約8%増加普及
ライブコマース	動画投稿アプリ「TikTok」など活用
テーマパーク	テーマパーク「ゲンティン」9つの映画の新施設

出所 日本経済新聞 2022 12/22

　図表Ⅰ-3 は日本経済新聞が 2022 年 12 月 22 日付で公表した 2022 年の東南アジア主要国インドネシア、シンガポール、マレーシアのヒット商品の図表である。

〈インドネシア 2022 年〉

　インドネシア・ジャカルタでは、大統領宮殿近くの一等地に米ハイアット・ホテルズ・コーポレーションの最上位ブランド「パークハイアット・ジャカルタ」が 7 月に開業した。国内初の六つ星ホテルが人気で、年末年始も予約で満室という。

　また訪日が難しい反動で日本食ブーム発生した。納豆の人気に火が付いた。「ナットーチャレンジ」と題した納豆を試食する動画が、共

有アプリ「TikTOk（テイックトック）」で拡散し、スーパーで一時品切れとなった。またジョコ大統領が 2060 年の「カーボンニュートラル（温室効果ガスの排出量から吸収量と除去量を引いた合計をゼロにする）」実現を宣言した影響で電動車の販売台数が急増した。2021 年の上半期だけで 2020 年の通年販売台数を上回った。

〈シンガポール 2022 年〉

　シンガポールでは新型コロナで 2 年間営業できなかったクラブやディスコが再開。海外観光客の増加もあり、有名クラブは盛況である。

〈マレーシア 2022 年〉

　2022 年 2 月にマレーシアに「ゲンティン・スカイワールド」が開業した。地元メディアは「東南アジアで最も期待値の高いレジャー施設となる」と評価した。

　「Ajaib」は個人が簡単に株取引をスマホで行えるアプリであり、同国 260 万人の投資家のうち 100 万人が登録した。
また、もともと国技であるバトミントが東京五輪の女子ダブルスで競合の中国を破り、金メダルを獲得したことで人気も沸騰している。

　図表 I -4 は日本経済新聞が 2022 年 12 月 22 日付で公表した 2022年の東南アジア主要国タイ、フィリピン、ベトナムのヒット商品の図表である。

〈タイ 2022 年〉

　タイで高級ホテルの開業ラッシュが始まった。セントラル・グループは、高級ブランド「センタラ」などのホテル事業で、2026 年までに約 200 億バーツ（約 760 億円）を投じ、現在の約 90 軒から 200 軒に増やすことを決めた。ホテル事業の売上高は 2019 年の半分程度に落ち込んだが、2022 年の利用客数は新型コロナ前の水準までに戻り、守りから攻めに転じる。

　新型コロナ後に向けて、アジア各地でホテルやテーマパークの開業・

投資が相次いだ。米スタンダード・インターナショナルの「ザ・スタンダード」は、7月にバンコクで国内2店舗目を開き、足元の稼働率は90%と堅調である。米マリオット・インターナショナルは、2023年にバンコクで最上位ブランド「ザ・リッツ・カールトン」を開業する。

またスケードボードやそれより一回り大きいサーフスケートの商業集積専用広場が開設され、空前のブームになった。ボードの再入荷まで数か月待ちのブランドもみられる。

図表Ⅰ-4　アセアン主要国2022年ヒット商品

アセアン主要国2022年ヒット商品
観光復活、スマホ利用定着

タイ

「オマカセ」コース	飲食店で浸透、和食・スイーツ・カフェでも
テーマパーク	ソニーピクチャーズのテーマパークが開業
飲料自販機	飲料自販機「タオビン」170種類を提供

フィリピン

大統領選関連	6年に1度の大統領選関連消費が活況
外資系小売	21年開業イケアが人気、マニラで三越開業
ライブコマース	コロナ禍でネット通販定着

ベトナム

QRコード決済	スマホによる電子決済84%増加
国内旅行	国内旅行観光客1億人を超える
ビングループEV	国内企業最大手EV本格販売

出所　日本経済新聞　2022　12/22

〈フィリピン2022年〉

マニラでは2022年11月に三越伊勢丹ホールディングス(HD)が三越BGCを開業。同国初の日系百貨店で、開業日は350人以上が行列を作った。またジャンプロープ（縄跳び）が家で手軽にできるスポーツとして人気がでた。

〈ベトナム2022年〉

ベトナム政府観光総局はこう強調する。ベトナムの2022年1月～11月の国内観光客は約9,600万人となり、コロナ前の2019年を上回

った。東南アジア主要国の 7〜9 月期の国内総生産(GDP)は前年同期比でプラス成長が続く。観光業だけでなく、飲食業も好調である。

同年、音声 SNS の「クラブハウス」が若者らの新たな政治談議の場として利用が広がった。同国での利用者は 10 万人以上との報道もある。

また、コロナで営業時間短縮を迫られた大手が代替策としてコンビニ自販機を展開した。ここでは菓子やカップ麺、飲料などが販売されている。

(3)アジア主要国

図表 I -5 は日本経済新聞が 2022 年 12 月 22 日付で公表した 2022 年のアジア主要国ミャンマー、インドのヒット商品の図表である。

図表 I -5　アセアン主要国 2022 年ヒット商品

アジア主要国2022年ヒット商品
電動化の波、自国の魅力見つめ直す

ミャンマー

カフェやバー	ヤンゴン新規開店相次ぐ、自撮り可能店が人気
ステイケーション	近場のホテルに滞在して楽しむスタイル定着
スマホゲーム「END GAME」	民主派組織と国軍の戦闘を題材に

インド

タタ自動車EV	約140万円、予約1ヶ月で2万台超
5G	通信大手相次ぎ開始
南インド映画	英国植民地時代の独立運動英雄を描く、大ヒット

出所 日本経済新聞 2022 12/22

〈ミャンマー2022 年〉

ミャンマーでは 2020 年 2 月クーデター以降、SNS への接続が制限さ

れた。規制迂回を迂回するためのＶＰＮ（仮想私設網、接続したい拠点にルーター：接続機器を設置、特定の人のみ相互通信を行える）の利用が急増している。

　同年、国軍系の「ミャンマー・ビール」が不買運動の対象となり、タイの「チャーン」など「ミャンマー・ビール」以外のビール製品に切り替えがすすんだ。

図表 I -6　ミャンマー・ビール

　日本の「キリン」は 2015 年最大手ミャンマー・ブルワリー買収、2017 年マンダレー ・ブルワリー買収、2020 年事業利益の 9％を占めた。2021 年 2 月クーデター勃発、現地企業との合弁を解消大きな影響を受ける。

(4)コロナ禍以降の料理宅配ビジネスの変化

　図表 I -7 は日本経済新聞が 2022 年 11 月 19 日付で公表した 2022 年の料理宅配企業の株価推移の図表である。料理宅配や配車サービスなど単発で仕事を受けるギグワーカーの関連銘柄が大幅に下落している。料理宅配の米大手「ドアダッシュ」や英「デリバルー」は 2021 年末比で約 6 割下落し、日本の出前館や中国の美団も 3 割以上安い。

図表Ⅰ-7　料理宅配企業の株価推移

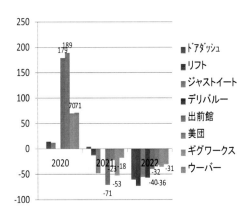

料理宅配企業株価推移
単位:%

凡例：
ドアダッシュ
リフト
ジャストイート
デリバルー
出前館
美団
ギグワークス
ウーバー

日本経済新聞、2022年11月19日付け

　ギグワーカーの待遇改善に向けた各国・地域の規制強化が影を落とし、巣ごもり需要の減少も尾を引く。新型コロナウィルス禍で飛躍してきた「ギグエコノミー」は曲がり角を迎えている。

　ギグワーカーとはインターネットやアプリを介して単発の仕事を請け負って報酬を得る職種などを指す。料理宅配や配車サービスの運転手などが代表格で、自らの裁量で働くことを好む労働者や、新型コロナ禍で失業したり所得が減ったりした人々が多く流入してきた。こうしたギグワーカーの労働力に支えられてきた銘柄の下げがきつくなっている。

　2021年末比の株価騰落率を見ると、米料理宅配大手の「ドアダッシュ」は61%安と大幅下落。ピークだった2021年11月からは約8割下げた。

　「デリバルー」も2021年8月の高値から8割弱安い水準に沈むほか、

2020 年には 80%上昇したドイツの「デリバリーヒーロー」も今年に入って 55%下げ、コロナ前の水準に低迷する。

配車サービスでも米「リフト」は 73%安となり、時価総額は 2019 年 3 月の上場時に比べ約 190 億$（約 2.6 兆円）目減りした。

アジアでも、日本の「出前館」は 2020 年に 2．8 倍に伸びたが 2022 年は 4 割安である。中国で出前アプリを手掛ける「美団」も昨年末から 32%下げ、インドの料理宅配大手「ゾマト」は今年に入り株価が半減した。

急落の背景にはギグワーカーの報酬コスト上昇への懸念もある。ギグワーカーは個人事業主とみなされるため最低賃金や労働災害、雇用保険などの企業による保護が適用されないケースが多い。労働者や人権団体から批判が高まってきたことを受け、待遇を改善するよう各国・地域が制度の整備を進めている。

米労働省は 2022 年 10 月中旬、ギグワーカーに関する雇用を念頭に「雇用主が従業員を誤って分類しているケースが多い」（ウォルシュ労働長官）とする指針を公表した。施行の可否や時期は未定だが、企業の収益の下押し要因となることを警戒した投資家が敬遠している。

スペインも 2021 年に料理宅配を手掛ける企業に対し、配達員を従業員とすることを義務付ける法令を施行した。2022 年 9 月には「デリバリーヒーロー」傘下の料理宅配「グロボ」に対し、配達員を従業員として雇用していないとして約 8000 万ユーロ（約 116 億円）の罰金を科した。

欧州委員会は 2021 年に、従業員と個人事業主の線引きを明確にする基準を公表し、ギグワーカーを適切に従業員とするよう企業に促した。中国政府も 9 月、「美団」や「滴滴出行」にギグワーカーの権利を保護するよう求めた。

コロナ特需の剥落も下げ要因である。特に米欧に比べコロナ禍からの経済再開が遅れた日本での影響が大きい。「出前館」が 10 月中旬に発表した 2022 年 8 月期の流通取引総額は期初予想の 3 分の 2 にとど

まった。デリバリー事業の成長鈍化で、2023 年 8 月期まで 5 期連続で営業赤字となる見込みである。

　世界的な景気悪化懸念と金利上昇のなか、市場シェア獲得のために投資が先行し赤字が続く「ゾマト」やオランダの「ジャスト・イート・ティクアウェー・ドットコム」といった銘柄への売り圧力も強い。規制強化や市場環境が悪化するなか、企業の合従連衡や投資家による企業選別の動きは今後加速することが予測される。

　特に東南アジアでフードデリバリー市場の拡大が鈍っている。大手「ベイン・アンド・カンパニー」などが 10 月に発表した調査によると、2022 年の市場規模は 170 億$（約 2.3 兆円）と前年比 14%増の見通しとなった。伸び率は新型コロナウィルスの感染が拡大した 2020 年の 85%、2021 年の 65%から減速した。

　調査はインドネシアやタイ、マレーシアなど 6 カ国を対象に実施している。経済再開でコロナ禍の巣ごもり需要が一服し、市民が外食に回帰し始めたのが一因とみられる。物価高も響いた。料理宅配アプリ各社は現在、配達網の拡充や定額制サービスの導入など新たな成長戦略を模索している。

2　コロナ禍前の傾向
　2023 年以降の市場を予測するためにコロナ禍前の市場の動向について振り返ってみる。

(1) 東アジア
〈日本 2018 年〉
　図表Ⅰ-8 は日本ＭＪが 2019/12/08 付けで公表した「2018 年のヒット商品番付」である。
同年の傾向として「ブームの再現」、「新時代のうねり」、「驚きと共感」といったキーワードを読み取ることができる。

図表Ⅰ-8　日経ＭＪ2018年ヒット商品番付

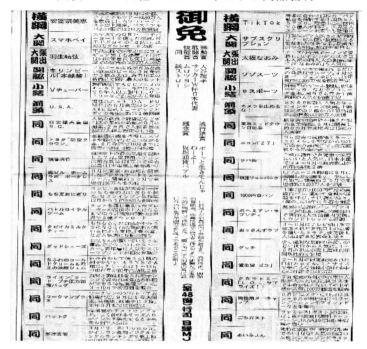

〈中国2018年〉

　中国では国内ではユーザー4億人あるとされる動画投稿アプリの「Tic　Tok」が東アジアのヒット商品として紹介された。この「Tic Tok」は中国のバイトダンス社が開発運営を行う SNS（Social networking service：Web 上で社会的ネットワークを構築可能にするサービス）のアプリケーションソフトであり、モバイル端末向けのショートビデオのプラットフォームである。同年の日経マーケティングジャーナルでも日本の 2018 年ヒット商品番付東の横綱として「音楽に合わせ 15 秒のロパク動画を投稿する中国発 SNS アプリ。若者を中心に世界で 5 億人が利用。世界最大ユニコーン（評価額 10 億$以上の未上場のスタートアップ期にある）企業でも話題に」と紹介されている。また、ユーザー数 2.3 億人の「併多多」が格安商品向けネット通

販として東アジアのヒット商品に挙げられた。この「併多多」は共同購入システムの EC プラットフォーム（販売者と消費者の双方が利用し、それぞれの役割を果たすアプリケーション）機能を持っている。さらに同年ファッションアイテムとしての黒マスクがヒット商品として紹介された。

図表Ⅰ-9　東アジア 2018 年ヒット商品

東アジア２０１８年ヒット商品

中国

Tik Tok	動画投稿アプリ。中国ではユーザー4億人
併多多（ピン）	格安商品向けネット通販。ユーザー2.3億人
黒マスク	ファッションアイテムとして

韓国

クローゼット型衣料清掃機	ＬＧ製クリーニングマシーン
ウェブ漫画	１３年の約6倍、ドラマ化
Ｖライブ	芸能人のライブ動画配信

台湾

Eスポーツ関連商品	１７年の倍増
韓氏関連グッズ	高雄市市長に当選、国民党
曽拌麺	汁なしまぜ蕎麦即席麺、4袋620円

出所　日本経済新聞　2018　12/20

〈韓国 2018 年〉

　東韓国ではクローゼット型衣料清掃機ＬＧ製クリーニングマシーンが紹介された。このクリーニングマシーンは衣類をハンガーにかけて入れるだけで内部にスチームを満たし、除菌や除臭、シワ取りもできるという。ウェブ漫画視聴者は 2013 年の約 6 倍に増加し、ドラマ化された。また、ファンとのライブチャットセッション（複数の利用者がリアルタイムにメッセージを送信）、パフォーマンス、リアリティショー（台本のない対応）、アワードショーなどのライブビデオを芸能人が動画配信を行う「Ｖライブ」が挙げられた。

〈台湾 2018 年〉

　台湾ではＥスポーツ関連商品の売上高が 2017 年の倍に増加した。同

年の日経マーケティングジャーナルでも日本の 2018 年ヒット商品番付東の小結として「対戦型のゲーム競技。野球やサッカーなどでプロリーグが登場している。国内でも 1 億円超の大会が開催予定」と紹介されている。高雄市市長に当選に当選した国民党韓氏の人気が高まり、同氏の関連グッズが取り上げられた。また、同年汁なしまぜ蕎麦即席麺、4 袋 620 円の「曽拌麺」が紹介された。

〈日本 2019 年〉
　図表Ⅰ-10 は日本ＭＪ が 2019 年 12 月 8 日付で公表した 2019 年の日本のヒット商品の図表である。

図表Ⅰ-10　日経ＭＪ2019 年ヒット商品番付

同年の傾向として「実績の積み重ね」、「新星新商品」、「値段以上」といったキーワードを読み取ることができる。

図表Ⅰ-11　東アジア 2019 年ヒット商品

東アジア2019年ヒット商品
愛国消費

中国
愛国消費	ファーウェイスマホ、中国伝統化粧品百雀羚、スニーカー
ライブコマース	ライブ配信で勧める商品の購入 3800万人独身の日視聴　　アジア拡大の可能性
国産アニメ映画	興行収入歴代2位　ナタ~魔童降世~

韓国
ギャラクシーフォルド	5Gサービス4月開始
スマホ決済	ネイバー、カカオ
国産ビールテラ	日本製品不買

台湾
ネット出前サービス	「フードパンダ」飲食店の2割ネット出前対応
同性婚特需	5月合法化、関連需要90億超
即食沙垃胸	調理不要の鶏胸肉

出所　日本経済新聞　2019　12/24

　図表Ⅰ-11 は日本経済新聞が 2019 年 12 月 24 日付で公表した 2019年の東アジアのヒット商品の図表である。

〈中国 2019 年〉

　中国では「ファーウェイ」のスマフォンの購入が伸び同年には出荷台数やシェアにおいて世界第三位まで成長した。化粧品市場においても高価格帯では「ロレアル」や「資生堂」などのグローバルブランドの独占があるが、中価格帯以下では中国ブランドがシェアを伸ばしてきており、メイクアップ、スキンケア製品などの中国伝統化粧品「百雀羚」の伸長がある。また服装が自由な職場も多いため、中国ブランドのスニーカー人気が高まっている。中国産商品の購入を行う「愛国

消費」の傾向が読み取れる。

　また、ライブ配信で視聴者と配信者がコミュニケーションを行い、商品購入の促進を図るライブコマースが広がる。短時間の配信で多額の売上高を上げる事例も少なくない。同年 11 月の「独身の日」には 3,800 万人視聴があった。

　アニメーション業界では 1 月に公開された「ナタ〜魔童降世〜」が日本円で 780 億円の収入を上げ、興行収入歴代 2 位を記録した。

〈韓国 2019 年〉

　韓国では 5G サービスが 4 月に開始されたこともあり、「ギャラクシーフォルド」が紹介された。このスマートフォンは画面ごとに折りたためる初めてのタイプであった。

　また、世界的規模のキャッシュレス化の動きのなか、韓国大手のポータルサイト（インターネットアクセス時の入り口）のネイバーの「ネイバーペイ」やカカオの「カカオペイ」などのスマホ決済が注目された。同年の日経マーケティングジャーナルでも日本の 2019 年ヒット商品番付東の横綱としてキャッシュレスが挙げられた。2019 年 10 月からの消費税増税の需要平準化対策として同年 10 月から 2020 年 6 月までキャッシュレスで代金を払うと購買金額の 5%（フランチャイズチェーン傘下の店舗は 2%）のポイント還元が行われた。同年は日韓政府の関係悪化の影響を受けて、日本製品不買運動が起こり、韓国産ビールの「テラ」が大ヒットしている。

〈台湾 2019 年〉

　台湾ではネットでの出前サービスを提供する「フードパンダ」が急速に伸びる。飲食店の約 2 割がネット出前の対応を行う。この企業の本社はドイツにあり、東南アジアでも成長中である。台湾に進出して 12 年、約 1 万店舗と提携して台湾の 10 のエリアをカバーしている。同年の日経マーケティングジャーナルでも日本の 2019 年ヒット商品番付東の小結として「ウーバーイーツ」が紹介されている。日本では

2016 年からサービスが開始され、成長してきた。提携レストラン数は
サービス開始時には 150 店舗であったが、2019 年 9 月には 1 万 4,000
店にまで増加した。

　また、同国では同性婚が 2019 年 5 月に合法化され、その関連需要は
90 億円を超えるともいわれている。

　また、同年調理不要のインスタントチキンブレストの「鶏胸肉即食
沙垃胸」が紹介されている。

(2) アセアン

　図表 I -12 は日本経済新聞が 2018 年 12 月 20 日付で公表した 2018
年の主要アジア地域タイ、フィリピン、ベトナムのヒット商品の図表
である。

図表 I -12 主要アジア地域の消費傾向 2018 年
タイ、フィリピン、ベトナム

アセアン主要国2018年ヒット商品
「スマホ」が生む新たな消費

タイ

伝統衣装	人気歴史ドラマで火が付き聖地巡礼のために購入
LINE TV	LINEが提供する動画配信サイト
アイコンサイアム	11月に開業したタイ初出店の高島屋が入ったタイ水上市場風巨大商業施設

フィリピン

コインズ.Ph	決済アプリ海外で働くフィリッピン人の母国への送金に使用
マリキナ靴	職人の手作り靴で、SNSで顧客を獲得
訪日観光	1〜11月は前年比19%の45万人。冬景色が人気

ベトナム

クララ	約11〜22万円の電動バイク。日系メーカーの普及モデル
ゴジェック	配車サービス。既存タクシー会社との競争が激化
デリバリーナウ	スマホで注文できるネット出前

〈タイ 2018 年〉

　タイでは国内では人気歴史ドラマで火が付き聖地巡礼のために伝統衣装が購入された。同年、LINE が提供する無料の動画配信サイト「LINE　TV」が徹底したローカライズを実践した結果、人気を集める。

　また、11 月に開業したタイ初出店の高島屋が入ったタイ水上市場風巨大商業施設の「アイコンサイアム」が注目される。この「アイコンサイアム」はバンコクのチャオプラヤー川ほとりにあるアジアでも最大規模のショッピングモールである。

〈フィリピン 2018 年〉

　フィリピンでは海外で働くフィリッピン人の母国への送金に使用される決済アプリ「コインズ.Ph」が急成長した。この「コインズ.Ph」は 2014 年にスタートしたビットコイン（暗号通貨）取引の交換所である。同国では仮想通貨の流通が劇的に増加している。

　マニラ近郊のマリキナ市では職人の手作りで「マリキナ靴」が生産されており、SNS の活用で多くの顧客を獲得した。また、訪日観光が冬景色で人気が高まり 1～11 月は前年比 19％の 45 万人が日本を訪れている。

〈ベトナム 2018 年〉

　ベトナムでは 11 月に同国のコングロマリット（複合企業）の「ビングループ」が約 11～22 万円の電動バイク「クララ」を発売し、人気を得た。このバイクは日系メーカーの普及モデルと位置づけられている。

　2018 年 8 月ホーチンミン市でインドネシア配車アプリ大手の「ゴジェック」がサービスを開始した。既存タクシー会社との競争激化が予想された。

　また、ベトナムではデリバリーが発達しており、多くの企業が業界に参入しているが、スマホで注文できるネット出前 「デリバリーナウ」が注目された。ローカルフード分野への同社の対応が地元で評価

されている。

　図表Ⅰ-13 は日本経済新聞が 2019 年 12 月 24 日付で公表した 2019 年の主要アジア地域インドネシア、シンガポール、マレーシアのヒット商品の図表である。

図表Ⅰ-13 主要アジア地域の消費傾向 2019 年
インドネシア、シンガポール、マレーシア

アセアン主要国2019年ヒット商品
「スマホ」が生む新たな消費

インドネシア

MRT	都市部の大量高速輸送	
Fore Coffee	スマホアプリで注文～決済チェーン店、100店超	
Pay Later	後払いスマホ決済	クレジットカードは普及せず

シンガポール

ジュエル	空港内巨大モール、チャンギ空港、1日30万人
ペイナウ	口座不要の送金サービス電話番号で300万人
アルミ・竹ストロー	プラスティックストロー廃止、急増

マレーシア

タピオカ	飲み物や火鍋に入れ人気
ダック	ハラル認証を受けた化粧品
ネット出前	「グラブフード」「フードパンダ」など一気に普及

出所 日本経済新聞 2019 12/24

〈インドネシア 2019 年〉
　インドネシアでは都市部の大量高速輸送 「ＭＲＴ（Mass Rapid Transit：地下鉄）」が 3 月に開業した。ジャカルタ首都圏の人口は 2,200 万人を超えており、郊外からの交通量が増加、深刻な交通渋滞や大気汚染の改善が期待された。

　スマホアプリで注文を受け付ける「FORE　Coffee」チェーン店が100店を超えた。オンライン・ツー・オフライン（インターネット上のサービスを使い実店舗へ客を呼び込む）型Eコマースを採用する。同国のミレニアル世代（2000年以降に成人を迎えた世代）に特有の便利で動きの早いライフスタイルに対応した。

　また、後払いスマホ決済　「Pay Later」が人気を集めた。この「Pay Later」は商品やサービスを購入した後に代金を支払う仕組みである。クレジットカードの作成は不要で電話番号やメールアドレスの登録のみで購入が可能である。学生などクレジットカードを持てない層も気軽に利用ができる点が評価を得た。

〈シンガポール 2019 年〉

　シンガポールではチャンギ空港にある空港内巨大モール「ジュエル」が注目された。1日30万人の集客があった。同国最大級の屋内植物園や巨大なウオーターフォール、スカイトレインが横断し、ホテルも完備された。

　同年口座不要の送金サービス「ペイナウ」利用者が300万人に達した。シンガポール銀行協会が実施する個人間のデジタル送金サービスであり、電話番号のみで利用でき24時間365日、送金と受取を可能にした。

　また、プラスティックストローが廃止され、アルミや竹ストローが急増したことが報道された。

〈マレーシア 2019 年〉

　マレーシアでは「タピオカ（キャサバの根茎から製造された澱粉）」が飲み物や火鍋に入れられて人気がでた。

　同年、ハラール認証を受けた化粧品「ダック」はイスラム教の女性たちでも安心して使える製品であり、高い人気がでた。女性は1日5回の礼拝時にはメイクを落とす必要があり、簡単で使いやすい製品がムスリムから支持を集めた。

図表Ⅰ-14 クアラルンプールの日系ショッピングセンター

ハラール認証を受けた洗剤が販売されている。

　また、「グラブフード」、「フードパンダ」など「ネット出前」が一気に普及した。「グラブフード」は配車サービスを行う「グラブ」が行うフードデリバリーサービスであり、「フードパンダ」はドイツ発のフードデリバリーサービスである。

(3)アジア主要国

　図表Ⅰ-15は日本経済新聞が2018年12月20日付で公表した 2018年の主要アジア地域ミャンマー、インド（2017年）のヒット商品の図表である。

〈ミャンマー2018年〉

　ミャンマーでは割安の携帯通信業者「マイテル（テレコム・インターナショナル・ミャンマー）」が人気を集めた。この「マイテル」は同国の地元企業連合が 51％、ベトテル（ベトナム軍隊通信グループ）が49％出資して設立された。

　同年、日本で活動を続けているミャンマーのヤンゴン出身の歌手で俳優の「森崎ウィン」が紹介された。

　また、携帯電話や家電製品の購入代金を融資する消費者ローン「イオンマイクロファイナンス」が人気を集めた。同ファイナンスは家電や携帯電話の販売店などと加盟店契約を結び、融資や審査、代金回収

などの与信管理を行っている。

図表Ⅰ-15 主要アジア地域の消費傾向 2018 年ミャンマー、インド

アジア主要国2018年ヒット商品
「スマホ」が生む新たな消費

ミャンマー

マイテル	割安の携帯通信業者
森崎ウィン	ミャンマー出身の歌手・俳優
イオンマイクロ ファイナンス	携帯電話や家電製品の購入代金を融資する 消費者ローン

インド2017

モバイル決済	「グーグルTez」音によるモバイル決済。1200万人
クラフトビール「ビラ」	地元ビール。価格が安い
ガラケースマホ 「ジオ・フォーン」	第四世代通信対応。動画可能

出所 日本経済新聞 2018 12/20

〈インド 2018 年〉

　インドでは 2017 年 9 月音による新しいモバイル決済アプリ「グーグル TEZ」が発表、発売され、1,200 万人が利用した。このアプリはユーザーの銀行口座と紐付され、送金、入金、買物代金の支払いができる。　英語とインド国内で使用されている 7 つの言語に対応している。同年、価格が安い地元のクラフト（手作り）ビール「ビラ」の人気が高まり、ニューデリー、ムンバイ、ベンガルールのビール市場で 5～10％のシェアを獲得した。

　また、第四世代通信対応で動画可能なガラケースマホ（フィーチャーフォン）の 「ジオ・フォーン」が人気を集めた。インドの市場に

おいてシンプル、軽くて頑丈な形状、電池の持ち、低価格といった特徴が好まれた理由として挙げられる。

図表Ⅰ-16は日本経済新聞が2019年12月24日付で公表した 2019年の主要アジア地域ミャンマー、インドのヒット商品の図表である。

図表Ⅰ-16 主要アジア地域の消費傾向2019年ミャンマー、インド

アジア主要国2019年ヒット商品
「スマホ」が生む新たな消費

ミャンマー

スマホ決済	「カンボーザ銀行」「郵電公社」など普及すすむ
歴史建築物	英領植民地時代建物の再開発進む
宅配サービス ヤンゴンド゛フ゜ラト゛ア	バイク禁止のヤンゴで自転車活用の飲食デリバリーサービス拡大

インド

マスク	大気汚染世界で最も深刻、販売急増
Spotify	音楽配信サブスクリプションサービス、ローカル言語対応曲も人気
Dunzo	スマホアプリ宅配サービス、あらゆる商品宅配

サブスクリプションサービス：数ではなく期間に対して対価を払う方式

出所 日本経済新聞 2019 12/24

〈ミャンマー2019年〉

ミャンマーでは「カンボーザ銀行」、「郵電公社」などでスマホ決済普及がすすんだ。 「カンボーザ銀行」では同行が展開する電子決済サービスの「KBZ ペイ」で全国の現金自動与払機で現金を引き出せる機能を導入した。「郵電公社」は約 2,500 万人の携帯回線の利用者を

有しており、キャッシュレス決済に弾みがついた。

　同年、旧ビルマ省庁舎が博物館に生まれ変わるなど英領植民地時代建物の「歴史建築物」の再開発進んだ。

　また、バイク禁止のヤンゴで自転車活用の飲食デリバリー宅配サービス「ヤンゴンドア2ドア」が拡大した。80軒以上ある提携レストランから好きなメニューを選択できる点が評価を得た。スマホアプリを使って注文する顧客が増加している。

〈インド2019年〉

　インドでは大気汚染世界で深刻であり、特に気温の低下する10月から1月下旬頃まで汚染が顕著にある。マスクの販売急増が急増した。

　音楽配信をサブスクリプション（サービス数ではなく期間に対して対価を払う方式）で提供する「SPOTIFY」は4,000万曲以上のアクセスを提供した。ローカル言語対応曲も人気がでた。

　また、スマホアプリで宅配サービス行う「DUNZO」が注目された。バンガロールを拠点とする同社はあらゆる商品の宅配を行っている。

3　コロナ禍前、コロナ禍下、コロナ禍後市場の変化

　以上、東アジアの中国、韓国、台湾、日本、アジア主要国であるタイ、フィリピン、ベトナム、ミャンマー、インドネシア、シンガポール、マレーシア、インドの近年の市場の動向をみてきた。

　2019年までのコロナ禍前はそれぞれの国により若干の違いはあるものの SNS のアプリケーションソフト、世界的規模のキャッシュレス化の動きのなかでのスマホ決済送金に使用される決済アプリと決済普及、スマホを使ったネットでの出前サービス、デリバリー宅配サービスなど、「スマホが生む新たな消費」ともいえる大きな潮流があったといえる。

　2020年以降のコロナ禍下においてもコロナ禍前と同様にスマホ使って行う活動の継続がみられた。個人が簡単に株取引をスマホで行えるアプリ、音声 SNS でのコミュニケーションの場作り、SNS でのスポー

ツ技術の披露、ソーシャルコマースのアプリの多数のダウンロードなどがみられた。

　一方、2020年、2021年と2年間も続いているコロナ禍下ではコロナ禍前とは異なる人気となった商品やサービスがでてきている。

　新型コロナウィルスの感染拡大で海外への渡航制限が続くなか、自国を見つめ直す機運が高まり、中国の「華流ブランド」、シンガポールでの地元シースポーツ、マレーシアでの自国ビーチリゾートへの地元客の訪問など近場の観光や自国製品の購入といった地元消費の芽が育つ結果を招いている。また、この2年間、巣篭り消費の傾向も堅調に継続している。

　一方、世界的に「サステナビリティ」や「カーボンゼロ」が話題になり、電気自動車や電動スクーター、使い捨てしない容器への変更など環境に優しい消費スタイルも広がった。

　コロナ収束期ともいえる2022年にはコロナ禍での各国の景気対策の金融緩和の影響もあり、インフレが進行した。その結果、コストパフォーマスを求められる消費が加速している。

　また、外出が活発化したことでアパレル商品やメークアップアップ商品の購入意欲も復活してきている。

　2022年からの海外からの入国規制の撤廃や規制緩和措置の結果、特に夏以降はイベントや旅行需要も回復してきている。

　コロナ禍では自粛を余儀なくされていたが「脱・巣ごもり」、「観光復活」、のキーワードにみられる各種の商品や行動の復活が顕著にみられる。

　コロナ禍前2018〜19年のマーケットニーズが再復活するケースと2023年以降コロナ禍の影響を受け変化を余儀なくされたマーケットニーズの両者に対応したビジネスへの取組が今後求められるであろう。

第Ⅱ章　国際的ビジネス活動への参入

　海外ビジネスへの参入活動はなぜ必要か。それは「国際分業」の利点を世界的に発揮させて、各国の経済水準を高めるためである。そもそも経済は、分業を基本としている。我々は生活を営む上で多くの財貨・サービスを必要とするが、その大部分は我々自身が生み出しているものではない。大部分の人は専門の職業を持ち、その収入を使って市場から財貨・サービスを購入している。そのほうが、自分で何もかも生産するよりずっと多くの財貨・サービスを利用できるからである。このように、各自が得意の分野に専門化して生産を行い、その結果全体としての生産力が高まるのが分業の利益である。同じ議論を国家の関係に適用したのが、国際分業の考え方といえる。各国はそれぞれ、経済的発展の段階、自然条件、各種資源の存在状況、国民の嗜好などが違っており、得意な分野も異なっている。

　仮に得意な分野が全く同じでも、違った分野の生産を分担しあえば、規模の利益が作用する。世界全体では、各国が自給自足するよりはずっと多くの財貨・サービスを生産することができる。

　規模の利益が国際分業の利益である。この利益を実現するためには、各国が生産したものを相互に交換しなければならない。この交換のプロセスが国際ビジネスに他ならない。国際的ビジネス活動は、国際分業を成立させ、世界全体の資源を有効に使ってできるだけ多くの財貨・サービスを生み出すために、なくてはならないものだということになる。

1　近年の国際取引の動向

　資源も食糧も輸入に頼る日本は国際的ビジネス活動で稼ぐ必要が

ある。そんな危機感をかつて日本の官民が共有していたことはよく
知られているところである。

図表Ⅱ-1　国際的ビジネス活動

国際的ビジネス活動とは

国際的規模で資源や市場機会を捉える活動

①資源　最も有利な国から購入

②生産　最も生産性の高い国で製品を作る
　　　　より低コスト生産体制構築
③販売　最も販売成果の上がる国で販売する

④生存　自社が生き残るための活動

(1) 貿易収支

　日本の貿易活動では 1960 年代後半に黒字が定着し、1970 年代の
2 度の石油危機後も膨らみ続けた。1985 年のプラザ合意後の円高・
ドル安でこれが頭打ちになると、代わりに海外移転した生産拠点か
らの配当収入が増えて経常黒字を押し上げた。この構図は東日本大
震災後の原発停止でエネルギー輸入が増えても続いた。だが直近の
資源高と円安で局面は変わりつつある。

　2022 年の貿易収支（速報）は 2 兆 2,600 億円の赤字である。経常
収支は海外からの配当などで 8 兆 3,600 億円の黒字であったが、前
年から半減した。2023 年 1 月の経常収支は過去最大の 2 兆円近い
赤字である。

　新型コロナウィルス禍による訪日客の急減に、ロシアのウクライ

ナ侵攻後の資源高や円安が重なった事情がある。近年の為替レートの変動要因として以下の点を指摘することができる。

1)経済好調国の通貨は値上がり、経済危機国が下落する。

2)低金利の通貨は下落する。

3)貿易収支が黒字は通貨高（稼いだ外貨を円買い要因）を招く。

4)インフレは通貨安を招く（通貨の価値下落）。

5)日本からの投資増は（外貨買い）円安、海外からの投資増は（円買い）円高を招く。

6)対外利子・配当金プラスは円高招く（稼いだ外貨を円買い要因）。

7)日本銀行が供給する資金量の増加は円安を招く。

図表Ⅱ-2　近年の貿易収支

近年の貿易収支

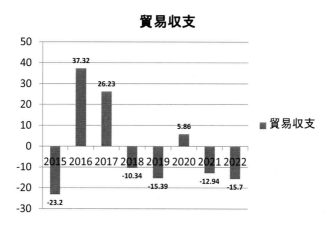

単位:10億USドル　IMFによる2022年10月時点の推計
2022年　1$＝144円　2兆2,600憶円の赤字

単位：10億US$　IMFによる2022年10月時点の推計1$＝144円

過去の経常黒字で得た約 450 兆円の対外純資産がバッファー（buffer：衝撃を和らげる緩衝要素）になるとの声も聞く。しかし貿易赤字が続き、対外純資産を取り崩せば、所得収支も減る悪循環が待っている。慢心は禁物である。富の流出を防ぐエネルギー政策の見直しは待ったなしとなった。同時に稼ぎを増やす手立ても不可欠である。新興国の追い上げで日本はモノづくりの国際競争力が陰り、自動車、機械、電機のシェアは低下が続く。技術革新や人材育成といった長期の課題にじっくり向き合うのは当然であるが、伸びる可能性が大きく手をつけやすい分野もある。例えばデジタルを中心とするサービスを挙げることができる。

(2) 経常収支

　経常収支は貿易収支＋サービス収支＋第一次所得収支（海外投資から得た利子・配当など）＋第二次所得収支（政府や民間の海外資金援助など）で構成され、海外との商品取引の収支だけでなく、海外旅行や投資、援助などトータルの収支を表している。

図表Ⅱ-3　近年の経常収支

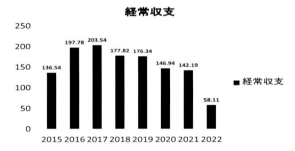

単位：10 億 US ドル　IMF による 2022 年 10 月時点の推計

「貿易の未来はサービスとデジタル」と世界貿易機関（WTO）のオコンジョイウェアラ事務局長は言う。WTO によると世界の電子商取引（EC）市場は 2013 年の 16 兆$（約 2100 兆円）から 2019 年に 27 兆$に増え、コロナ禍でさらに拡大した。とりわけ音楽、映画、ゲームなどデジタルなコンテンツの伸びは著しい。

　米国はこれらコンテンツに加えて、クラウド、金融、教育、コンサルティング事業も強く、サービス収支で大幅な黒字を稼いでいる。対照的に日本のサービス収支は慢性的な赤字である。これをどう変えるかが課題といえる。

「日本流へのこだわりはわかるが、世界に輸出する前提で作品をつくってほしい」。2023 年 3 月上旬、米動画配信「ネットフリックス」の東京本社では声があがった。音声担当の専門家は日本の映画関係者にそう呼びかけた。日本では、俳優のセリフや声を撮影現場で同時に収録することが多い。だが世界標準では映像、音声、効果音を別々に収録する。外国語への吹き替えが容易で、素早い輸出が可能になるためである。

図表Ⅱ-4　世界の電子商取引市場規模
世界の BtoC 電子商取引市場規模

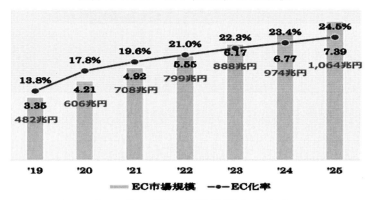

2022 年 8 月に経済産業省発表された、
全世界の B to C の EC 市場規模の予測推計値

音声や映像は収録後すぐデータを共有し、国内外で分業して一気に編集・翻訳・配信するシステムも各国で浸透している。だが日本は技術革新に乗り遅れ、昔ながらの作業手順と長時間労働に頼らなければならない。いきおい流通しにくい高コストのコンテンツが量産され、グローバル市場の攻略も遅れがちである。いち早く世界標準を取り入れた韓国に遅れた一因だという。

　「ネットフリックス」は日本の監督を対象に、世界が求める台本や照明技術といった秘策も伝授する。各国が魅力的なコンテンツを互いに流通させてこそ稼げるからである。モノからデジタルへ。官から民、しかも外資へ拡大し、そして輸出から双方向の貿易へ発展させていく。経済構造の転換を映した、新たな貿易の仕組みである。

　2022年8月に経済産業省から発表された、全世界のBtoCのEC市場規模の予測推計値（旅行・チケット販売を除く）によると799兆円の市場規模であり、2023年まで二桁成長の高い市場成長を続ける見込みである。（1$＝144円で計算、「令和3年度　デジタル取引環境整備事業報告書」経済産業省）

　EC市場が急激に成長している背景にはネット人口が飛躍的に増加したことが関係している。過去にはネットにアクセスするには高額なパソコンが必要であったが、中国や途上国を中心に低価格のスマートフォンが普及したため、ネット人口が急激に成長した。そのため先進国から途上国まで世界中、誰でもECサイトで買い物をすることが可能になることが予想される。図表Ⅱ-4は世界の電子商取引市場規模は、経済産業省の資料に世界のEC市場規模の2025年までの予測値のデータである。日本円のレート換算は2022年9月の平均レート「1$＝144円」で計算されている。成長率こそ下がっているものの世界のEC市場は右肩上がりに堅調に今後も推移して行くことが予測される。先進国では、すでにネットは普及しているが、物流や配送に課題を抱えていることがあり、各国によってECの普及率に差が生じることになる。例えば、日

本でも EC の市場規模は伸びてはいるが、市場規模の大きい食品や医療業界の EC 化が進んでいなかったこともあり、今後、画期的なサービスがこの分野において、新たに生まれないと、日本の EC 化率をあげるのは困難と思われていた。しかし、2020 年に世界中を覆ったコロナ禍の影響により、この予測よりも今後は急速に EC 市場が伸びていくことが間違いと予測されている。

(3) 今後の事業拡大先国と要因

図表Ⅱ-5　今後の事業拡大先

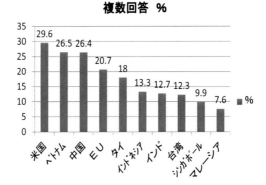

今後の事業拡大先上位10か国・地域

N＝1,031

複数回答　％

(出所)「日本企業の海外展開に関するアンケート調査」
日本貿易振興機構海外調査部2023年1月31日。

　2023 年 1 月の日本貿易振興機構海外調査部「日本企業の海外展開に関するアンケート調査」によると今後、海外で事業活動拡大を図る国として米国が 29.6％の回答で最も高く、次いでベトナム

26.5％、中国が 26.4％と続く。大企業ではベトナムの回答が
31.7％で最大であった。

図表Ⅱ-6　事業拡大先選択理由

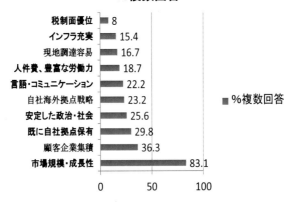

事業拡大先の選択理由

N＝1,230

％複数回答

（出所）「日本企業の海外展開に関するアンケート調査」
日本貿易振興機構海外調査部2023年1月31日。

　2023 年 1 月の日本貿易振興機構海外調査部「日本企業の海外展
開に関するアンケート調査」によると今後の事業拡大理由は
83.1％が「市場規模・成長性」を挙げ、次いで 36.3％が「顧客
企業の集積」、29.8％が「既に自社の拠点がある」と続く。ベト
ナムでは「人件費の安さ、豊富な労働力」の回答比率が高い。

2　海外取引の経緯

　高度成長期に日本の貿易が急拡大してきたのは、次のような理由が考えられる。第一は、日本の経済成長率が高かったことである。1950 年代から 1970 年代初頭にかけての日本経済は、平均 10%程度の高度成長を遂げた。このように経済が拡大すれば、それに比例して貿易も拡大することは自然なことである。生産の拡大に伴って、エネルギー、工業原材料の輸入は増加し、供給能力の拡大と共に輸出余力も増えた。

図表Ⅱ-7　自由貿易、保護貿易の変化

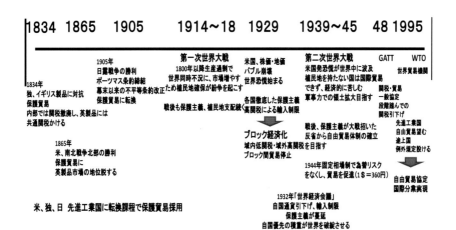

第二は、日本を取り巻く世界貿易が急拡大したことである。戦後の世界貿易は、「GATT」と「IMF」というブレトン・ウッズ体制の下で、急拡大した。1930 年代の為替切り下げ競争、ブロック経済化の動きが、世界貿易を縮小均衡に陥らせたことに対する反省が浸透し、自由貿易を維持・拡大すべきだということは少なくとも基本的前提として、広く受け入れられるようになった。こうした環境が日本の貿易の拡大を助けたことは明らかである。

　第三は、日本自身の貿易自由化が進展したことである。日本の貿易、為替取引は戦後しばらくの間は厳しい統制下にあったが、1958 年頃から貿易・為替の自由化に向かい始めまた。もっともこれは日本が進んで実施しようとしたわけではなく、海外からの要請に応じて、恐る恐る市場を開いたというものであった。すなわち、1950 年代後半になると、「GATT」などの場で、日本の貿易自由化が遅れ気味であることについての各国からの不満が強く表明されるようになってきたのである。

　こうした国際世論の中で、1960 年に日本政府は「貿易為替自由化大綱」を決定し、輸入自由化、為替面での自由化を明らかにし、以後自由化が積極的に進められることとなった。その結果、1961 年末には 492 品目あった輸入制限品目は 1964 年には 123 品目に減少し、1959 年 8 月には 26%に過ぎなかった輸入自由化率は、1963 年 8 月には 92%まで上昇し、他の先進諸国に比べても見劣りのしないところまで自由化が実現した。

　一方、政府・産業界は、自由化が経済的に悪影響を及ぼすことを随分心配していたようである。それはまだ日本の産業の国際競争力に自信が持てなかったからである。しかし、現実には日本企業は貿易自由化を一つの契機として効率化を進め、さらに国際競争力を高めたのである。

(1)為替による影響

　1970 年代に入ると、それまで日本の高度成長を支えてきた貿易

環境が大きく揺れ動くことになった。その一つは、それまでの 1$＝360 円という固定レート制が崩れたことであり、もう一つは、安価で豊富な輸入エネルギーの代表であった石油の価格が急上昇したことであった。

図表Ⅱ-8　日本の円、$為替レートの変化

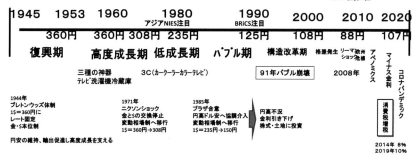

為替レート変動要因（経済好調国通貨は値上がり、危機国が下落）
1　金利　　　低金利の通貨は下落
2　貿易収支　貿易収支が黒字は通貨高（稼いだ外貨を円買い要因）
3　物価変動　インフレは通貨安を招く（通貨の価値下落）
4　投資　　　日本からの投資増は（外貨買い）円安、海外からの投資
　　　　　　　増は（円買い）円高
5　対外利子・配当金　プラスは円高招く（稼いだ外貨を円買い要因）
6　日本銀行が供給する資金量の増加は円安を招く

2012年迄失われた20年
企業は贅肉そぎ落とす
内向き志向強める

GDP世界2位

円、$為替レートの変化

1945	1953	1960	1980	1990	2000	2010	2020
アジアNIES注目				BRiCS注目			
360円	360円	308円	235円	125円	108円	88円	107円

復興期　　　高度成長期　低成長期　バブル期　　構造改革期　格差発生　欧州　アベノミクス　マイナス金利　コロナパンデミック
　　　　　　　　　　　　　　　　　　　　　　　　　　　リーマ　危機
　　　　　　　　　　　　　　　　　　　　　　　　　　　ンショ
　　　　　　　　　　　　　　　　　　　　　　　　　　　ック

三種の神器　　　3C（カー・クーラー・カラーテレビ）　　91年バブル崩壊　　2008年
テレビ・洗濯機・冷蔵庫

1944年
ブレトンウッズ体制
1$＝360円に
レート固定
金・$本位制

1971年
ニクソンショック
金と$の交換停止
変動相場制へ移行
1$＝360円→308円

1985年
プラザ合意
円高ドル安へ協調介入
変動相場制へ移行
1$＝235円→150円

円高不況
金利引き下げ
株式・土地に投資

消費税増税

2014年　8%
2019年10%

円安の維持、輸出促進し高度成長を支える

（2）ニクソン・ショックと変動レート制への移行

　日本の為替レートは、終戦直後は複数レートが採用されていたが、1949 年 2 月に来日したドッジの経済安定化のための政策提言（ドッジ・ライン）に沿って、同年 4 月に、1$＝360 円という単一固定レートが決まった。日本の貿易は以後 20 年以上にわたってこの 360 円というレートの下で行われてきた。この 360 円レートは、1971 年 5 月のいわゆる「ニクソン・ショック」によって、突然終わりを告げることとなった。この時、アメリカのニクソン大統領は、ドルの金交換停止と一方的な輸入課徴金の導入という措置を発表し、各

国に通貨のフロート（変動相場）または切り上げを求めた。日本はそれでも、しばらくは固定レート制を維持していたが、8 月 28 日にはついに変動制に移行し、長年馴れ親しんできた 360 円レートに別れを告げたのであった。

　1971 年 12 月、アメリカのスミソニアン博物館に主要国が集まり、各国通貨の切り上げが決定された。この時日本円は 1$＝360 円から 308 円へ切り上げられた。しかし、このスミソニアンレートも長く続くことはなかった。1973 年 1 月に再びドル売りが激化し、2〜3 月には再び主要国通貨はフロート制に移行し、現在に至っている。

　当時の円切り上げについては、多くの人が相当の危機感を抱いていたようである。円の切り上げは、日本の輸出競争力を低下させることによって、経済の活力である輸出を鈍化させ、日本経済は大混乱に陥るのではないかと思われていたからである。1960 年代後半頃から日本の国際収支は黒字基調で推移するようになっていたのであるが、これが円の切り上げにつながらないよう、政府は数次にわたって「円対策」と呼ばれた対外経済政策を実施し、極力円の切り上げを避けようとしたのである。

　しかし、結果的に見ると、円の切り上げ、変動レート制への移行そのものが日本経済に大きな悪影響を及ぼすということはなかった。むしろ、次に述べる石油危機のような外的条件の大変動があったときに、国際収支面に大きな混乱が生じなかったのは、変動制のおかげだったと思われる。

　もちろん、変動レート制の下では、時としてレートが大きく変動し、それが経済全体に大きな影響を及ぼすという局面はあった。そうした局面が現れた最初の例が、1977〜78 年の円高である。1977 年初には 290 円だった円レートは、1978 年 10 月には 176 円まで上昇した。これは一年半の間に約 50%の上昇幅である。この時も、輸出の減退が経済成長を相当鈍化させるうではないかという悲観的な見方が相当強く現れた。しかし、日本経済はこの円高を乗り越え、さらに発展を続けたのである。

（3）二度にわたる石油危機

　1970 年代に日本はさらに大きなショックを受けることになる。それが二度にわたる石油危機であった。戦後の日本の高度成長は世界貿易の拡大などいくつかの外的な要因に支えられたものであったが、安価なエネルギー資源もその有力な一要因として挙げられる。

　エネルギーという観点から戦後の日本経済を見ると、日本は石炭などの国内エネルギー産業を次第に縮小・整理し、石油を中心に安価な海外のエネルギーを輸入して発展してきた。安価で豊富な石油資源を輸入できるという条件の下で、エネルギーの輸入依存度が高いということは、それだけ世界で最も安価な資源を自由に利用できるということであるから、日本経済の強みとなっていたのである。

　しかし、石油危機によって海外のエネルギー価格が上昇すると、今度は高い輸入依存度が弱みに転じてしまった。日本は経済の血液ともいうべき石油のほぼ全量を輸入に頼っていたため、この石油危機によって大打撃を受けた。日本の石油輸入価格は、1972 年度まではバレル（約 159 リットル）当り 1～2\$台だったのが第一次石油危機によって 1973 年度には 4.8\$と約 4 倍に上昇し、さらに第二次石油危機によって、1979 年度には 11.5\$へ約 2.5 倍に上昇した。

　石油価格の上昇は、石油輸入国にトリレンマ（三重苦）的な影響を及ぼした。その第一は、石油輸入金額の増加による国際収支の赤字化である。石油は経済にとって必需財的な存在であり、必需財は価格が上昇しても消費量はそれほど減らない。多くの生産設備、自動車などの消費財はすでに石油の消費を前提としていたので、石油の値段が上昇したからといって、消費を減らすわけにはいかないからである。日本の経常収支は、1971～72 年度は 60 億\$の黒字を記録していたが、石油輸入金額の急増により、1973 年度 40 億\$、1974 年度 23 億\$のそれぞれ赤字となった。

　第二は、物価の上昇である。石油価格の上昇は、生産コストの上昇となって、卸売物価（現在の企業物価）、消費者物価の上昇をもたらした。卸売物価は、1973、74 年度とも 20%以上の上昇となり、消

費者物価も 1973 年度は 15%、1974 年度は 21%もの上昇となった。これが「狂乱物価」と呼ばれたインフレである。

　そして第三が、景気の後退である。石油価格の上昇で輸入金額が増えるということは、その分だけ国内の購買力が産油国に移転することを意味する。この購買力の移転は、日本としては少なくとも短期的には逃れようのないもので、経済活動が鈍化することは避けられない。日本の成長率は、1974 年度には戦後初めてのマイナス成長に陥ってしまった。

　次いで、1978 年にはイラン革命を契機として第二次石油危機が生じ、約一年間で石油価格は約 60%上昇した。この時も、第一次石油危機と同様に日本経済はトリレンマ的な影響を受けた。
しかし、第一次の場合と比較すると、経済的悪影響の度合いは最小限に抑えることができた。これには、以下の要因があった。

①前回の経験に懲りて、企業・消費者が便乗値上げ、買い急ぎ、売り惜しみなどの行動に走らなかった。
②賃金が石油インフレにスライドして上昇することがなかった。
などによるものである。

　高度成長の時代、日本経済は安くて豊富なエネルギー資源を十分に活用して成長を続けてきた。二度にわたる石油危機は、日本がそれまでの有利な国際資源状況に安住できないことを教えたのであった。

(4) プラザ合意後の円高の影響

　1985 年 9 月、ニューヨークのプラザ・ホテルに集まった先進 5 カ国の蔵相・中央銀行総裁は、ドル高の是正のための協調介入に踏み切った。これが有名な「プラザ合意」である。
これをきっかけに円レートは急上昇し始めた。1985 年 9 月には 1$＝240 円だった円レートは、1987 年 11 月には 128 円にまでなった。たった 2 年弱で、円レートは約 9 割の上昇、つまり簡単にいえ

ば円の価値が大体二倍になったのである。この超円高の進行は、経済全体に大きなショックを与え、貿易構造の変化を加速した。超円高が貿易構造に与えた影響としては、次のようなものがあった。

　第一は、輸出の高付加価値化である。円高はいうまでもなく、日本の輸出品の国際競争力を悪化させる。円高で輸出が減少すると、景気にも大きな悪影響が及ぶ。だからこそ、このプラザ合意後は金融が大幅に緩和され、ひいてはそれがバブルの原因となったとされている。

　円高の直後には日本の輸出は大幅に鈍化した。しかし、日本の輸出は時間が経過するにつれて、再び復活し始めた。円高で失われた競争力を回復するには、二つの道がある。

　一つは、コストを削減することである。多くの企業は徹底した合理化を進め、乾いた雑巾をさらに絞るような努力を重ねたといわれている。もう一つは、輸出品の構成を変えることである。日本でしか作れないような製品であれば、円高になっても輸出が減ることはない。今までより付加価値の高い製品を輸出すれば、レートによる採算の悪化をカバーすることができる。こうした動きが現れた結果、日本の輸出構造は、一段と高付加価値製品にシフトした。1980 年から 90 年にかけて、素材型の製品のシェアが低下する中で、一般機械、電気機器のシェアが急上昇しているのはこのためである。

　第二は、製品輸入の増加である。昔から日本の貿易は「加工貿易」だと言われてきた。もっぱら原材料や食料、エネルギー資源などを輸入し、これを加工して工業製品として輸出していた。確かに 1980 年頃までの輸入構造を見ると、原材料、食料、エネルギー資源の割合が圧倒的に高く、製品の比率は 20〜30％に過ぎなかった。

（5）直近の円安の影響

図表Ⅱ-9　2022年度ジェトロ海外ビジネス調査

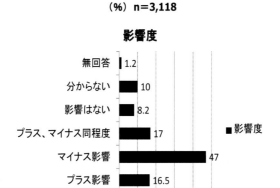

円安の進行が2022年の業績に与える影響
（％）　n＝3,118

影響度

項目	影響度
無回答	1.2
分からない	10
影響はない	8.2
プラス、マイナス同程度	17
マイナス影響	47
プラス影響	16.5

（出所）「日本企業の海外展開に関するアンケート調査」
日本貿易振興機構海外調査部2023年1月31日。

　図表Ⅱ-9は日本貿易振興機構海外調査部が2023年1月31日に行った「2022年度ジェトロ海外ビジネス調査」の図表である。円安の進行が企業業績に与える影響について「全体としてマイナスの影響がある」と答えた企業が47.0％と高い。半面大企業や既に海外へ進出済みの企業ではプラスの影響があるとの回答割合が相対的に高い。

　なかでも情報通信機器関連の電子部品、電気機械、化学などの業種でプラスの影響がある企業が3割前後あり、相対的に高い傾向を示す。

　また2022年度は約半数の企業が輸出数量の増加を達成している。家具や紙製品、飲食料品などの業種で海外需要の増大や円安の影響を受け、輸出の増加を後押しした。

3　取引形態と参入方法

　ある特定の国に販売することを決定したならば，企業はその市場に参入する方法を決定しなければならない。その選択肢は輸出、ノウハウの提供、合弁事業、直接投資である。これらの一連の戦略はビジネスへの関わり方の違い、リスク、利益可能性を含んでいる。この 3 つの市場参入戦略にはさまざまな選択肢が含まれている。ここでの目的は企業がどの市場から長期最大の資本利益率（株主資本利益率とは、ROE（%）＝当期純利益÷自己資本 × 100）が得られるかということを明らかにすることである。

　図表Ⅱ-10 は海外市場への参入方法とリスク度合いとの関係を表した図表である。

図表Ⅱ-10　海外市場への参入方法とリスク

	方法	内容	
輸出	間接輸出	仲介業者通す	小
輸出	直接輸出	自ら貿易行う	
ノウハウ提供	ライセシング	資産の一部提供	リスク
ノウハウ提供	フランチャイジング	ノウハウ提供	投資
ノウハウ提供	契約生産	委託生産	固定費
直接投資	合弁事業	共同出資	コントロール
直接投資	子会社	全て自ら行う	大

　間接輸出による方法はリスクが一番少なく、対象国での子会社設立などの直接投資は一番リスクが大きい。輸出形態では間接輸出には仲介業者通して行う間接輸出、自ら貿易業務を行う直接輸出がある。仲介業者を介在させる間接輸出方法が投資面、固定費面、管理面から一番リスクは少ない。自ら全て行う直接投資による現地子会

社設立による海外参入は一番リスクが高くなる。ノウハウ提供による参入には自社資産の一部を提供する「ライセシング」、ノウハウを提供する「フランチャイジング」、製造業などが委託生産を行う「契約生産」がある。直接投資にはパートナーとの共同出資で行う合弁会社や自社自らが全てを行う子会社の設立形態がある。

　図表の下に行くほど投資額や固定費が必要になりリスクが高まっていくと考えられる。多くの企業は初めは輸出業者としてスタートするが次に合弁事業に移行し最後には直接投資を行なうようになる。

(1) 国内取引と海外取引

国内取引と海外取引の違いには、次のようなものが挙げられる。

1) 契約交渉における言葉の違い

2) 通貨の違い

3) 法律による規制の違い

4) 契約に関する商習慣の違い

5) 文化の違いによる商品の好みの違い

6) 宗教的に禁忌された商品の存在など

　取引当事者は、これらの点に留意しなければならない。また、海上輸送の貿易取引であれば輸送距離が長く輸送日数も多くかかるため、どの地点で商品を引き渡すか、いつの時点で商品代金を支払うか、といったことへの考慮も重要である。

(2) 海外取引の実務

　海外取引の実務は、商品を輸出国の売り手から輸入国の買い手に届け、その対価である商品代金を輸入国の買い手から輸出国の売り手に支払うことを、円滑に進めるための各種手続きの実務を指す。貿易取引を時系列的に大まかに眺めると、次のようになる。

1) 準備段階

市場調査や取引先探しをする手続段階である。

2）契約段階

取引交渉から商談成立までの手続段階である。

〈取引交渉の内容〉

①売買価格

　貿易取引での商品の売買価格は、売り手または買い手の国の通貨か、米ドルなど国際的に流通している通貨で取引される。売買価格は、「商品 1 個当たりの価格」を表示する場合と、「重さ」「容積」「長さ」などの計算単位を使って表示される場合がある。

　現在、多くの国で計算単位にメートル法が採用されているが、米国などの一部の国では昔からの単位も並行して使用されているので注意が必要である。たとえば重さを表すトンの計算単位は、メートル法と米国の旧計算単位では違いがあり、メートル法のトンを「メトリックトン」、米国の旧計算単位のトンを「ショートトン」と呼んで区別している。

②取引条件にかかわる費用

　貿易取引は輸送距離が長いので、商品が輸出国の生産地から輸入国の最終仕向地まで移動する間に、さまざまな費用が発生する。主な費用としては、　次のようなものがある。

　輸出国での生産地から港までの国内輸送費、輸出通関費用、輸入国への海上（航空）輸送費、貨物保険料、輸入国での輸入通関費用、輸入関税、最終仕向地への国内輸送費など。これらの費用の負担についても、取引条件で定めておく必要がある。

③取引条件の確認

　商品の取引価格は取引の条件によって変わる。つまり、　商品の売買価格のほかに、輸送や保険、通関費用などの負担が取引条件で異なるからである。主な取引条件には、次のようなものがある。商品の引渡場所（危険と費用の負担の分岐点）、商品の引渡時期、品質

や数量の決定方法と時期、商品代金支払方法と時期、輸送や保険、通関費用の分担などがある。

3) 売買契約書式の内容と記載事項

　売買契約が成立した証として、合意した事項を確認するために売買契約書を交わす。契約書は、国際商業会議所などの機関が提供しているフォームを利用すると、比較的簡単に作成できる。また、「注文書（買約書）」や「注文請書（売約書）」などの自社の書式を用いて売買契約の確認を行うことも、一般的に行われている。どちらも、主要な記載内容に大きな違いはない。契約書の表面には商品明細、支払条件、船積条件、取引条件など取引の合意事項が、裏面には売り手と買い手の責任範囲、クレーム条項、不可抗力条項などの一般取引条項が記載されている。契約書の作成は、取引交渉で合意した主要事項を表面にタイプし、裏面も含めて詳細を点検し、修正を必要とする点があればタイプや手書きで加える。すべての項目で合意に達すれば、売り手と買い手双方が契約書にサインし、契約書の作成は完了する。

　記載事項は、後から記入した事項である「手書き」「タイプ」「印刷」の順で優先される。

　表面の主要事項は以下のものがある。

①売り手（輸出者）
②代金決済条件
③船積条件
④商品明細
⑤買い手のサイン

4) 実行段階

　通関、船積み、貨物保険、代金決済などの手続段階である。海外取引の実務はこれらの各業務に関する実務手続きである。これらの各業務がトラブルなく行われるように、条約や各国の法律、国

際機関の規則などが定められている。

　また、海外取引は、モノ・カネ・カミの 3 つの流れでとらえると、理解しやすくなる。

(3) モノ、カミ、カネの流れ

1) モノの流れ

　商品は、売り手から買い手の方向に流れる。たとえば、鉱工業品や原油などの原料類はその生産国から加工工場のある輸入国へと輸送され、機械や一般雑貨などの製品類は製造国から消費国へと運ばれる。輸送には、海上輸送、航空輸送、　陸上輸送の手段があるが、製品特性に適した輸送手段を手配することが実務的に重要な事項となる。

　また、輸送途上でモノが国境を越えるときには、輸出入通関の実務が発生する。

2) カネの流れ

　金は、買い手から売り手の方向に流れる。多額の現金を持ち歩くことは危険である。そのため、海外取引では通常は銀行を介して代金の決済を行う。このように、現金の移動をともなわずにお金を移動させるしくみを「為替」と呼び、輸入国では買い手が銀行に代金を支払い、輸出国では売り手が銀行から代金を受け取る。輸入国と輸出国の銀行間の決済でも現金は移動せず、銀行がおたがいに保有している口座の額を増減させて決済を行う。

3) カミの流れ

　書類は基本的に売り手から買い手に流れる。書類は、モノやカネの流れの各段階で、用途に応じて作成される。主な書類としては、売り手から買い手に対する代金請求や船積みの詳細を記載したインボイス、船積みの証拠書類である船荷証券が挙げられる。
これらの書類は、売り手から買い手に直接送られ、あるいは銀行を経由して送られる。

(4) 輸出マーケティング

　輸出の際に相手国の市場調査などを行うのが「輸出マーケティング」である。「輸出マーケティング」で調査する主な項目は、法規制、国内市場の規模、消費者動向、競合製品などで、それらを調査した後に輸入された商品の流通経路や価格設定を行う。一方、「輸出マーケティング」では、相手国の風土や気候、政治や法制度、経済や金融制度、流通や通信などの基本情報にくわえ、その国全体や地域の市場、輸出商品の競合品、販売ルートなど、商品販売の戦略を考えるための情報を幅広く集めて価格などの設定を行う。

1) マーケティングの4P

マーケティングを行う際の重要な 4 つの要素として、 製品、価格、販売促進、流通が挙げられる。

①製品(product)
どの商品を輸出入するか
②価格(price)
商品の価格をいくらにするか
③販売促進(promotion)
どのような販促を展開するか
④流通(place)
どの流通経路で販売するか
　この 4 つの P を組み合わせて販売戦略を練る手法を「マーケティング・ミックス」と呼ぶ。
　輸出時のマーケティング活動では風土や気候、政治や法制度、経済や金融制度、流通や通信、輸出商品の市場規模、競合製品などを調べなければならない。
　海外市場に参入する最も簡単な方法は輸出による方法であるが、いくつかの輸出形態がある。

2) 随時的輸出

　消極的な参入の方法であって、この場合企業はタイミングをみて余剰品を輸出し、海外企業を代表する現地のバイヤーに商品を販売している。

3) 積極的貿易

　企業が特定の市場に輸出を拡大するために関わっていく場合である。いずれの場合にも企業は自国でその商品のすべてを生産する。

　企業は輸出市場に対応して、それら製品の一部の修正を行う場合がある。これらの三つの選択肢のなかで輸出は企業の製品ライン、組織、投資の点で最小限の変更でこと足りる。

　企業は二通りの方法でその製品を輸出することができる。企業は独立した中間業者を雇うこともできるし（間接輸出）、また自社の輸出を直接処理することもできる（直接輸出）。間接輸出は輸出を開始しようとしている企業でごく一般的である。

　まず企業はあまり投資を必要としない。その場合、企業は海外の「セールスフォース」または取引窓口を開設する必要がない。次に企業にとってリスクがより少ない。中間業者（国内に拠点をおく輸出商人または輸出代理店，協同組織）はノウハウやサービスを提供し、販売業者は一般的に失敗が少なくて済む。

(5) 取引先の開拓

　取引先を探すには、公的機関へ問い合わせ、展示会へ参加するなどさまざまな方法がある。

　一般的な取引相手を探す手段としては、次のようなものがある。

1) 取引関係業者の紹介

　すでに貿易取引を行っているのであれば、相手国の取引先や国内の同業者、または知人に取引相手を紹介してもらうことができる。

2）公的機関への問い合わせ

　ジェトロ（日本貿易振興機構）や、大使館などの在日外国機関に問い合わせることができる。

3）雑誌やインターネット情報

　特定商品の業界紙や専門誌を利用し、インターネットの検索で取引相手を探すこともできる。最近では、インターネットのマッチングサイトが充実してきた。たとえばジエトロでは、TTPP（トレード・タイアップ・プロモーション・プログラム）という国際的なビジネスパートナー探しを支援するサービスを提供している。

4）国際見本市や展示会への参加

　各業界で実施されている国際見本市や展示会は、多くの売り手と買い手が一堂に会するので、取引先探しや商品情報の収集に有効な場となっている。売り手企業は、ブースを構えて自社製品のサンプルを展示して紹介する。ブースの一角に商談コーナーを設置して展示会の場で商談を成立させる場合もある。
取引候補先を選定したら、　その会社の信用度を調査する必要がでてくる。

5）展示会による販路拡大

　図表Ⅱ-11 は台北の世界貿易センターの写真である。台湾でのパートナー探しや展示会が開催されている。このセンターは中華民国対外貿易発展協会（TAITRA）が運営している。

　1970 年に対外貿易促進を目的に設立され、毎年台湾で年間約 30回の国際専門見本市を主催している。日本企業の買付、投資、市場開拓サポート、展示会へのＰＲ活動などを実施する。1972 年に東京で日本事務所設立以来、台日のパートナーシップの強化を目指し、年間 20 以上の日本市場開拓ミッション（使節団）招聘し、数多くの見本市へも出展して　日本、台湾間の貿易の振興を図っている。

図表Ⅱ-11 台北世界貿易センター

台北世界貿易センター(TAITRA)

玄関

タイトラ 国際展示センター

　図表Ⅱ-12 は展示会出展による販路拡大手順を示している。まず、出展計画段階で出展の目的を明確化しなければならない。続いて出展計画を作成する。ターゲットを明確化したキャッチコピーの作成を行う。それと並行して輸出規制や現地事情分析を行っておく。

　出展する展示会の選定、予算計画や必要なスタッフを編成したうえで、出展機器や販促用資料の準備、サンプル、配布資料、実演等の演出ツールの準備を行う。

　展示備品を調達し、資料やパネルの翻訳を行う。通訳を確保し、展示品の輸送＆通関（輸出入許可）、備品、消耗品、資料、パネル等の発送を行う。再度この段階で各種規制や手続き情報を確認しておく。

図表Ⅱ-12　展示会出展による販路拡大手順

展示会出展による海外販路拡大手順

出展計画　　**目的明確化、出展計画作成**
　　　　　　　　ターゲット明確化、キャッチコピー作成、輸出規制、現地事情分析
　　　　　　　　　①展示会選定、②予算計画③スタッフ編成
　　　　　　　　出展機器・販促用資料の準備
　　　　　　　　サンプル・配布資料・実演等演出ツール準備、展示備品調達
　　　　　　　　資料・パネル翻訳、通訳確保
　　　　　　　　展示品の輸送＆通関(輸出入許可)
　　　　　　　　展示製品、備品、消耗品、資料、パネル等発送、
　　　　　　　　規制、手続き情報再確認
出展実施　　**展示コーナー設営・装飾**
　　　　　　　　出展ブース準備・設営、スケジュール・各員の役割確認
　　　　　　　　通訳へ製品・プレゼン内容説明
　　　　　　　　ニーズ把握、顧客シートへ入力、アポイント
　　　　　　　　市場調査
　　　　　　　　会場内類似製品調査、会場外百貨店・SC視察
販路拡大　　**出展後のフォロー**
　　　　　　　　出展製品の改良、バイヤーへサンプル送付、来場者のフォロー(サ
　　　　　　　　ンクスメール、サンクスレター)

　出展実施時は展示コーナー設営や装飾出展ブースの準備、設営、スケジュール、各担当者の役割確認、通訳へは製品及びプレゼン内容の説明をしておく。

　来場者のニーズを把握し、顧客シートへ入力を行い、今後のアポイントの可能性を探る。この段階で会場内の類似製品調査、会場外百貨店やショッピングセンター視察等の市場調査も実施しておく。

　販路拡大のためには出展後のフォロー策として、出展製品の改良、バイヤーへサンプル送付、来場者へのサンクスメール、サンクスレターなどのフォロー体制が必要である。

図表Ⅱ-13　展示会来場者の不安への対応策

海外展示会来場者の不安への対応策

来場者（バイヤー）の不安		対応策

アピールポイントを明確に

来場者（バイヤー）の不安

品質が悪いかもしれない

代替品かわる価値があるか

アフターサービスは大丈夫か

リードタイムは大丈夫か

予算枠に見合う価値はあるか

ノウハウ:知識、経験、秘訣、コツ

対応策

開発経緯を説明

オススメの使用シーン

特徴　客観的事実を述べる
　　　違いの明確化

利点　優位性を挙げる
　　　期待効果

便益　使用価値を具体的に
　　　満足感、充足感

証拠　具体的証拠を見せる
　　　実例、事例、データ

　図表Ⅱ-13 は展示会来場者の不安への対応策を整理した図表である。バイヤーを含めた来場者は展示商品の品質、代替品かわる価値があるかどうかの不安、アフターサービスへの不安、リードタイム（調達期間）への不安、購入予算枠に見合う価値への不安等が存在する。これらの不安を取り除いていくために展示会で出品側は以下の説明や情報の提供を行う必要がある。

　まず、自社製品の開発の経緯を説明しなければならない。この段階では自社独自の技術やノウハウの蓄積にも触れておきたい。続いてオススメの使用シーンやケースをパネルや説明文、写真も用いながら解説する。製品の特徴については客観的事実を述べることに努め、競合する製品との違いを明確化していく。

　製品の利点については競合する製品と比べての優位性を挙げ、期

待される効果について説明を行う。製品のベネフィット（便益）は使用価値を具体的に述べ、購入者が得られる満足感や充足感を伝える。そのときには実例、事例、データ等の証拠を示し、説得力を高める。このようなストーリーに沿ってアピールポイントを的確かつ明確に伝えていく必要がある。最後に当社はこの製品で貴社の発展に貢献したいという事業にかける思いも併せて伝えておきたい。

6）商談会による販路開拓

図表Ⅱ-14　台北での日本酒卸売業との商談会

販路開拓サポート　　　　　　　　　台湾での商談会

ビジネスマッチングには海外での活動実績のある団体や現地でのカウンターパートナーの存在が不可欠

複数の日本酒製造業、和菓子製造業、

天然飲料水製造業と台湾在住の酒卸売業、土産物チェーン企業、ドラッグチェーン企業、ネット販売企業との商

談会を行う。

台湾企業からの見積書依頼を受け、提出後ドラッグチェーンとの商談が成立、

20フィートコンテナ1台分上海経由の船便で出荷。

台北市内で日系企業訪問による商談会の模様

　初めての商談会を企画実行してビジネスマッチングを行う場合には海外での活動実績のある団体や現地でのカウンターパートナーの存在が不可欠である。日本の異業種交流会などで企画される場合、売り手側商談会参加企業の対象製品の把握、商談会参加担当者の役職と権限及び買い手側商談会参加企業の購入希望製品の把握、商談会参加担当者の役職と権限等を把握したうえでの現地パートナーによる調整が求められる。

7）信用調査の方法
信用調査には、大きく分けて次の3つの方法がある。
①業界情報
　候補先企業と取引のある会社やその業界をよく知る業界人から、調査相手のビジネス上のマナーや業界内での評判などの情報を得て調査する方法である。

②銀行情報
　候補先企業の取引銀行や国内の取引銀行から、相手先の財務内容や支払状況などの情報を得て調査する方法である。

③信用調査機関情報
　専門の調査機関に信用調査を依頼する方法である。料金はかかるが、客観的な評価を短時間で得ることができる。「ダンレポート」の名で知られる米国のダン・ブラッドストリート社や帝国データバンクなどの調査機関がサービスを提供している。

　次に信用調査では、主として次の3つの項目を調べる。
①性格（character）
　相手先の評判や信頼性などを調査することでビジネスに対する誠実さを知る重要な項目である。

②能力（Capacity）
　技術力や営業力、取引量など、相手先の取引能力を調べる。

③資産（capital）
　資本や支払能力など、相手先の財務状況を調べる。
業種、従業員数、支払状況、役員名、会社の沿革、取引銀行、設立時期、財務内容、資産、事業内容など把握しておかなければならない。

8) イベントによる販売

　図表Ⅱ-15 は台北の現地百貨店での日本商品展の出展プロセスと展示会レイアウトを表した図表である。民間レベルの催事業者が行う日本商品展は一般的には以下のプロセスですすめられることが多い。

　日本での催事参加希望者への説明会→催事参加希望者からの出店申し込み→催事参加希望者の選考後、出店企業決定→出展品目と数量の決定→出店企業による必要書類提出→催事業者による指定発送準備→日本国内倉庫納品→必要な場合の追加納入後、対象国への製品輸送が行われる。

図表Ⅱ-15　台北の日本商品展出展プロセス

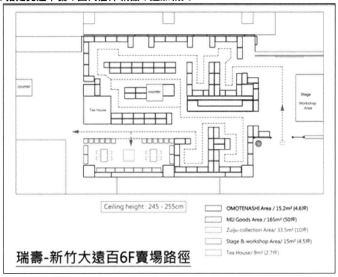

日本商品展出品プロセス
日本での説明会→出店申し込み→出店企業決定→品目・量決定→必要書類提出
→指定発送準備→国内倉庫納品→追加納入

　図表Ⅱ-16 は製品説明時の 4 つのポイントを示している。まず製品の特徴についての説明を行う。競合製品と何が異なり、何が新しく、どのような機能があるのかといった点について客観的に説明す

る。

　次に製品の利点について説明を行う。何ができるようになるのか、何が良くなるのか、何が変わるのかといった期待される効果や優位性を説明する。

　さらに製品の便益性について説明を行う。何が満たされるのか、何が充足されるのかといった製品のベネフィットを具体的に示す。

　最後に便益性や利点の証拠について説明を行う。実例や事例、具体的データなど事実を見せる必要がある。

図表Ⅱ-16　製品説明時のポイント

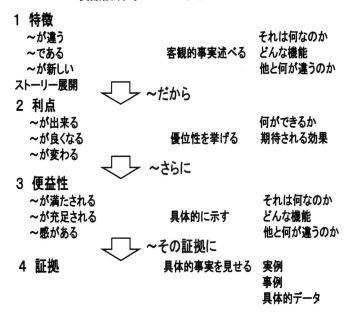

製品説明時の4つのポイント

1　特徴
　　〜が違う　　　　　　　　　　　　　　　　　　それは何なのか
　　〜である　　　　　　　客観的事実述べる　　どんな機能
　　〜が新しい　　　　　　　　　　　　　　　　他と何が違うのか
ストーリー展開　　　⬇　〜だから
2　利点
　　〜が出来る　　　　　　　　　　　　　　　　何ができるか
　　〜が良くなる　　　　　優位性を挙げる　　　期待される効果
　　〜が変わる　　　　　　⬇　〜さらに
3　便益性
　　〜が満たされる　　　　　　　　　　　　　　それは何なのか
　　〜が充足される　　　　具体的に示す　　　　どんな機能
　　〜感がある　　　　　　　　　　　　　　　　他と何が違うのか
　　　　　　　　　　　　　⬇　〜その証拠に
　4　証拠　　　　　　　　具体的な事実を見せる　実例
　　　　　　　　　　　　　　　　　　　　　　　事例
　　　　　　　　　　　　　　　　　　　　　　　具体的データ

図表Ⅱ-17　現地百貨店での日本製品展

日本製品展

新竹の百貨店催事コーナーで日本製品の販売

台湾　新竹　遠東百貨店

9）越境 EC

　越境 EC とは、インターネットを活用して、日本国内から海外へ向けて商品を販売する EC（電子商取引）のことを指す。現在、急成長している市場であり、成功すればビジネスを大きく拡大することが可能性である。越境 EC はビジネスの方法によって、以下の 4 つのタイプに分けることができ、リアルなビジネスと比較してのメリットとデメリットが存在している。

①自社で運営する越境 EC サイト

　越境 EC を行う方法のひとつに、自社で越境 EC サイトを構築、運用する方法がある。どの国や地域を対象とするかを決めて言語や決済システムなどを現地のニーズに合わせて作り込んでいく。越境 EC に特化した「越境 EC 専用カート」というサービスを用いるのも有

効方法である。国内のカートにも越境 EC の機能が備わっているものもある。

②海外の EC モールに出店

　現地の EC モールに出店し、商品を販売する方法である。この場合越境 EC 販売が認められているオンラインショッピングモールを選ぶ必要がある。例えば、「Amazon」や「eBay」は欧米を代表するモールで、越境 EC が可能である。中国であれば、「天猫国際（Tmall Global）」や「京東全球購（JD Worldwide）」などのモールが、越境 EC が認められている。

③保税区を活用した越境 EC

　保税区を活用した越境 EC は、中国を対象とした越境 EC で用いられることがある方法である。中国の保税区の倉庫に商品を保管しておき、EC サイトで商品が購入されたら倉庫から配送を行う。最初から商品が現地の倉庫に保管されているため、顧客の手元に届く時間も短く、配送料も抑えられる方法である。

④代行販売型越境 EC

　代行販売型越境 EC とは、海外への代行販売を行う業者に商品を買い取ってもらう方法である。商品は代行業者を経由して海外の顧客に送られる。越境 EC サイトの開発や海外のモールへの出店といった手間、コストがかからない一方で、代行業者が手数料や配送料を上乗せして顧客に販売するため、商品の価格が上がってしまう。また、顧客と接するのは代行業者なので、顧客情報を得にくいこともデメリットといえる。

⑤越境 EC のメリット、デメリット
〈メリット〉

　越境 EC はインターネットを介したビジネスなので、実店舗を海

外に展開するよりも、はるかに簡単に出店できる。現地でテナントを契約し、人を雇い、商品を日本から運んで販売するのは大変であるが、越境 EC であれば、そういった実店舗ならではの苦労もしなくて済む。商材にもよるが、越境 EC で海外の顧客を対象にすると、日本でビジネスを行うよりもライバルが少なくなるというケースも存在する。日本国内の「レッドオーシャン」で戦うよりも、海外という「ブルーオーシャン」に打って出ることで、ビジネスを拡大できる可能性も大きい。また日本製品に魅力を感じる顧客がいるインバウンドで"爆買い"されることからもわかるように、日本製品の品質の高さは世界中でもよく知られている。越境 EC を利用して日本製品を購入したい人々は、世界中に数多くいるはずである。

〈デメリット〉

　越境 EC におけるデメリットのひとつが、輸送コストの高さである。一般的に越境 EC は、日本から海外に向けて発送するため、国内への配送よりも輸送コストが高額になる。海外の顧客にとって、この輸送コストの高さがネックになる可能性が大きい。輸送に時間がかかる分、紛失などのリスクも、わずかではあるが国内より上がってくる。また、越境 EC を行う場合、販売する国や地域の法律、規制に、対応しないといけない場合もあり、特に個人情報の取り扱については、例えば、EU 域内の各国に適用される「GDPR」は、個人情報について厳しい規制が存在するので、注意が必要である。同時に販売する国に合わせてのマーケティング施策なども考えなければならない。自社で越境 EC サイトを作るにしろ、現地のモールに出店するにしろ、翻訳などのローカライズに関するコストがかかってくる。

(6) ライセシング

　自らの資産の一部提供を行うと同時にノウハウ提供を行うライセシングによる参入形態がある。図表Ⅱ-18 は「サンリオ」が行っているライセンス事業の二つのパターンを示している。欧州系多国籍企業にライセンスを提供し、その企業はライセンシーとして世界市場に進出する。世界市場からの売上収入を得た結果、ライセンス料を支払う。

　もうひとつのパターンは中国市場を念頭においたものであり、当該企業とマスターライセンサー契約を締結し、マスターライセンサーが中国市場にライセンスを提供し管理も行うものである。これは著作権リスクに備えた方法であり、マスターライセンサーは中国市場からライセンス料を得て、「サンリオ」にマスターライセンス料を支払うかたちになる。

図表Ⅱ-18　サンリオのライセシングによる海外展開

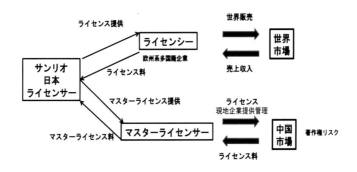

マスターライセンス契約：再許諾を与える契約　　　（出所）「グローバルマーケティング」創成社2012

図表Ⅱ-19　東アジアで人気のあるハローキティ

台湾　高雄　夢時代 Dream　Mall　ＳＣ

　製造業においてのライセンス契約も国際マーケティングに参入するのに比較的簡単な方法である。ライセンス提供者は海外市場においてライセンス受託者と契約を締結して製造工程、商標、特許、商業上の秘訣（人には知られていない最も効果的な方法＝こつ）、または使用料やロイヤルティに関連した他の価値項目を使用する権利を提供することになる。ライセンス提供者はほとんどリスクを払わないで市場への参入権を獲得し、ライセンス受託者は出発点から始めなくても生産に関する専門知識、または知名度の高い製品や社名を獲得する。

(7) フランチャイジング

　フランチャイジングシステムは海外進出において多くの企業により用いられている。これはフランチャイザーがロイヤルティの支払いと交換に商号・商標・ビジネスモデル・ノウハウを担当地域において特定期間利用する権利を与えることにより成立する。

　フランチャイザーのメリットは少ない投入資源で自社の事業方式の外国市場への浸透が可能になり、フランチャイジーのメリットは資金があれば早期に事業展開が可能になることである。

　一方フランチャイザーのデメリットは契約終了後フランチャイジーがライバルになる可能性がある。また、ライセンシングとの違いとして、フランチャイジングはマーケティングや経営に関するノウハウの提供を含み、フランチャイジーに対してトレーニングや経営指導も行う。契約したフランチャイジー側の企業経験などを利用して現地適応の可能性が高まる。

図表Ⅱ-20　フランチャイズシステム

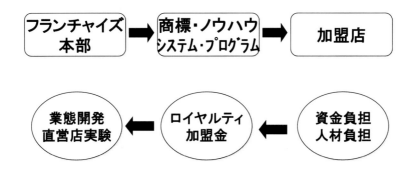

ロイヤルティ ：権利を持つ者に支払う対価

　フランチャイズシステムの基本はフランチャイズ本部が加盟店に対して商標、ノウハウ、システム・プログラムの提供を行う。加盟店は自身で資金負担や人材負担したうえでフランチャイズ本部にロイヤルティ（権利を持つ者に支払う対価）や加盟金を支払うという契約に基づいた仕組みである。フランチャイズ本部は直営店において新たな製品やサービス導入などの実験や新たなタイプの店舗開発を実施する。

図表Ⅱ-21　味千のＦＣによる海外展開

味千のＦＣによる海外展開

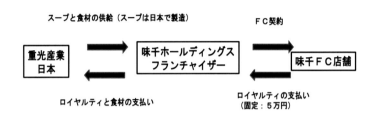

スープと食材の供給（スープは日本で製造）　　　　ＦＣ契約

重光産業
日本　　　　→　　味千ホールディングス　　←　　味千ＦＣ店舗
　　　　　　　　　フランチャイザー

ロイヤルティと食材の支払い　　　　　　ロイヤルティの支払い
　　　　　　　　　　　　　　　　　（固定：5万円）

重光社長談：日本が駄目だから海外で成功させようとすると失敗する

　図表Ⅱ-23 は「吉野家」のＦＣによる海外展開の仕組みを示している。2019 年時点で海外展開海外店舗は合計 994 店舗内北京に 261 店舗、台湾は 80 店舗である。吉野家はフランチャイザーとなり対象地域の子会社や合弁企業とエリアフランチャイズ（一定地域に商標使用権を独占的に与える）契約を締結し、商標貸与やノウハウ・タレの供給を行う。当該地域でそのパートナー企業の直営による多店舗展開が実施されている。

図表Ⅱ-22　吉野家の北京でのＦＣ

吉野家のＦＣによる海外展開

飲食FC例　吉野家(2019)
海外店舗　994店舗　北京261店
台湾80店

吉野家　北京店

図表Ⅱ-23　吉野家のＦＣによる海外展開

吉野家のＦＣによる海外展開

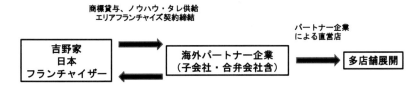

エリアフランチャイズ：一定地域に商標使用権を独占的に与える

　図表Ⅱ-24 は世界のＦＣ企業による海外展開を 2016 年「Franchise Direct」が公表した店舗数の多い順のベスト 10 の表である。

図表Ⅱ-24　世界のＦＣ企業による海外展開

　1 位はセブンイレブン（アメリカ発祥、1991 年にセブンイレブンジャパンが本家を子会社化して日本企業に）、2 位はサブウェイ、3 位はマクドナルド、4 位は公文、5 位、KFC6 位、ピザ・ハット 7 位、グループカジノ（フランスの小売りチェーン）、8 位はバーガーキング、9 位はカルフール（フランスのスーパーマーケットチェーン）、10 位はドミノ・ピザであった。

(8)合弁事業

　合弁事業で海外市場に参入する方法は生産とマーケティング諸施設を準備する相手国で事業を共同して行なうことである。合弁事業は輸出とは異なるがそこでは海外でなんらかの生産施設を提供する協力体制が形成される。そして合弁事業が直接投資と異なるのはその国のだれかと結合体制が形成されるという点である。

　合弁事業は相手企業の設備、人材、販路等を利用し、相対的に少ない初期投資で進出が可能である。しかし、相手企業との紛争、人事権・財務権が相手にある場合には日本側に不利に運営されるリスクが発生する。合弁設立時にかみあっていた双方機能が、年月を経過しても維持されるかを見極める必要がでてくる。

図表Ⅱ-25　合弁事業のメリットとデメリット

合弁事業による海外進出

**合弁事業（Joint Venture）は複数の異なる組織が共同で
事業を興すこと、及びその事業を指す**

**現地のパートナーは現地情報や人脈を有していることが多く
発展途上国進出に際してよく用いられる手法**

メリット
パートナーからの情報・人脈が期待できる
現地受入国からの反発が少ない
現地流通チャネル構築が容易
人材確保が容易

定性的パートナー評価
1 経営理念の共有可能性
2 見識力（本質を見通す判
　断力）
3 人間的資質（指導力・論理
　的思考能力）
4 業界・行政への影響力

デメリット
パートナーとの意見対立の可能性

締結前に解消後の取り決めをしておくことが必要

　海外の投資家が現地で事業を起こすために現地の投資家と所有と統制を共同で行なうような合弁による方法が、この合弁所有による事業である。海外の投資家は現地の会社で利権を購入し、現地の企業は海外企業が現在保有している業務に関する利権を購入する。または両事業者が新規の事業を組織する。合弁事業を行なうということは経済的または政治的理由から必要であり、望ましいことであるかもしれない。その企業は独自で事業を行うには財務的、物理的、または経営的諸資源を欠くかもしれない。また、外国政府が参入の条件として現地の企業との合弁による所有を要求する場合などが想定される。

　合弁による所有は海外企業にとってある種の欠陥もある。例えばパートナー間に投資、マーケティング、またはその他の政策をめぐ

っての不一致などが考えられる。多くの企業は成長のために利益を再投資しようとするのに対して、現地の企業はこれらの利益を支払いに当てることを主張することも考えられる。また、企業はマーケティングに大きな比重をおく傾向があるのに対して、現地の投資家は販売活動に重点をおくなど、合弁所有による事業は世界的規模で特定の製造やマーケティング上の諸政策を遂行しようとする多国籍企業の諸計画を妨げる可能性もある。したがって、合弁形態の事業を実施していく際には合弁相手との経営理念の共有可能性、本質を見通す判断力などの見識力、指導力や論理的思考能力などの人間的資質、業界や行政への影響力など定性的なパートナーの不断の評価を怠ってはならない。

図表Ⅱ-26　合弁事業、直接投資の長所と短所比較

	長所	短所	備考
合弁	相手企業の設備人材・販路等を利用相対的に少ない初期投資で進出可能	相手企業との紛争人事権・財務権が相手にある場合、日本側に不利に運営されるリスク	合弁設立時にかみあっていた双方機能が、年月を経過しても維持されるかを見極める
直接投資	重要事項を自社だけで決定できる	進出国を熟知する人材が必要国・業種によっては独資による進出が認められない場合がある	経営を現地側に丸投げせず、コントロールすることが重要

　図表Ⅱ-26 は合弁事業と直接投資の長所と短所比較を行った表である。合弁形態の長所は相手企業の設備や人材・販路等を利用することで相対的に少ない初期投資で進出可能なことである。直接投資の長所は重要事項を自社だけで決定できる点にある。

　合弁形態の短所は相手企業との紛争やまた人事権、財務権が相手にある場合は日本側に不利に運営されるリスクがある。当初、合弁設立時にかみあっていた双方機能が年月を経過しても維持されるかを見極めることが求められる。直接投資の短所は進出国を熟知する人材が必要である。経営を現地側に丸投げせず、コントロールすることが重要といえる。

図表Ⅱ-27　中国湖南省で合弁形態スタートした日系百貨店
湖南平和堂　五一広場店
１９９８年１１月にオープン、資本金５０００万ＵＳ＄、
店舗面積５０，０００㎡（通路含む）

湖南平和堂　五一広場店
１９９８年１１月　オープン資本金５０００万ＵＳ＄、店舗面積５０，０００㎡（通路含む）
五一広場店１５億元（約２００億円）
東塘店７．５億元（約１００億円）
株州店４億元（約５２億円）

海外参入方法　　　輸出　　合弁事業　　直接投資

（9）直接投資

　直接投資では重要事項を自社だけで決定することができる。しかし自らの組織に進出国を熟知する人材が必要である。国や業種によっては独資による進出が認められない場合があることに注意しなければならない。経営を現地側に丸投げせず、本社が適切にコントロールすることが重要である。これを怠った場合、現地での不正行為

やトラブルを発生させることも少なくない。

　海外市場への究極的な参入形態は外国での組立て、または製造設備に投資を行なうことである。企業が輸出を通じて経験を積むに従い、また海外市場が十分大きく成長するに従い、海外に生産設備をもつことは以下の著しい利点をもつことになる。

1) 企業は安価な労働や原材料，外国政府の投資誘因，運送費の節約などの形で本当の費用節約を図ることができる。

2) 企業は雇用の機会を生むという理由からその受入国において、よりよいイメージを得る。

3) 企業は政府、顧客、現地の供給業者、および流通業者とのより深い関係を増進する結果、自社製品を現地のマーケティング環境によりうまく適応させることができる。

4) 企業はその投資に対して十分な統制を確保し、その長期の国際的な諸目標に役立つ製造やマーケティング上の諸政策を開発することができる。

4　海外事業組織と管理

　企業は自社の製品、販売促進、価格、流通がそれぞれの海外市場でどの程度受け入れられるべきかを決定しなければならない。最後に企業は国際マーケティングを遂行するために有効な組織を開発しなければならない。ほとんどの企業は輸出部門から開始し、次第に国際事業部へと移行する。そしていくつかの企業は多国籍企業へと発展していく。

　企業は少なくとも 3 つの異なった方法で国際マーケティング諸活動を管理する。ほとんどの企業は最初に輸出部門を組織し、続いて

国際事業部を創設し、最終的には多国籍組織となる。

(1) 海外事業組織
1) 輸出部門

　企業は一般的に海外からの注文製品を単に出荷することにより、国際マーケティングに参画するようになる。海外での販売が増大すると、企業は販売担当管理者と数人の事務補佐からなる輸出部門を組織する。さらに海外での販売が拡大すると、その輸出部門は拡大し、さまざまなマーケティング・サービスを行なうようになり、より積極的に海外事業を推進することができるようになる。もしその企業が合弁事業や直接投資を行なうようになると、その輸出部門はもはやこれらの目的に役立たなくなるだろう。

2) 国際事業部

　多くの企業はさまざまな国際市場や国際事業に関与するようになる。一つの企業がある国へは輸出をし、他の国とはライセンス契約を締結し、また違った国では合弁事業を行ない、さらに子会社を所有するということになるかもしれない。こうなれば結果的にその企業はその国際活動のすべてに責任をもつ国際事業部、または子会社を創設することになるだろう。この国際事業部は国際事業部担当責任者によって管理され、その責任者は目標や予算を設定し、国際市場における企業の成長に対して全責任を負うのである。

3) 多国籍組職

　いくつかの企業では国際事業部の域を越えて真の多国籍組織に移行している。彼らは海外で事業を展開する国内のマーケティング担当者であるという考えを改めて、世界的なマーケティング担当者として自覚し始める。本社の最高経営管理者やそのスタッフが世界的規模での製造設備、マーケティング政策、資金の流れ、およびロジスティク・システムの計画作成に関与するようになる。世界中のさ

まざまな事業単位はその報告を国際事業部長ではなく、直接に最高経営責任者か経営委員会に対して行なう。経営責任者は国内や外国だけではなく、世界的な規模で事業が営まれるように教育訓練が行なわれる。また、優秀な経営管理者が多くの国々から募集される。構成材や補助材料はコスト的に最も安価に入手できる所で調達され、投資は予想収益が最大になるところで行なわれることになる。

(2)**管理・評価システム**
1) 管理システム

図表Ⅱ-28 戦略的マーケティングの仕組み

戦略的マーケティングの管理・評価

図表Ⅱ-28 は戦略的マーケティングの仕組みを示している。組織

が確定するとメンバーが職務を実行していくための管理システムがつくられる。従来管理システムはカネの流れを管理する会計や経理システムが中心となっていたが、現在ではカネだけではなく戦略を日常業務のなかで遂行する場合に必要となるヒト、モノ、カネ、情報、時間といったあらゆる管理制度が必要となってきている。

　管理システムは本来実行段階を管理統制するものであるが、メンバーが戦略をより具体的に実行しやすいように行動準則を含めた活動の指針となる要素も含まれるべきであろう。

　図表Ⅱ-29 は 4 つのマーケティングコントロールの対象を示している。年間コントロールでは年間を通じて計画と実績をチェックし、必要な場合の修正が対象となる。

図表Ⅱ-29　4つのマーケティングコントロール対象

4つのマーケティングコントロール

年間計画コントロール	収益性コントロール	効率性コントロール	戦略コントロール
年間を通じて計画と実績をチェック　必要な場合修正	個々の商品　販売地域　客層別　流通チャネル　オーダー別　サイズ別　定期的に分析評価	広告宣伝　人的販売　販売促進　流通　効率的にコントロール	環境と機会への適応を検討　有効性再評価　マーケティング監査を行う

　収益性コントロールでは個々の商品の販売地域、客層別割合、流通チャネル別割合、オーダー別割合、サイズ別割合など定期的に分析評価を行う。

　効率性コントロールでは広告宣伝の効果、人的販売の効果、販売促進の効果、流通チャネルなどが効率的にコントロールされているかの分析評価を行う。

戦略コントロールでは環境と機会への適応についての検討を行い、有効性について再評価しなければならない。マーケティグ活動への監査も実施する。

2）評価システム

　組織構成員による諸活動は今後の戦略の改善や継続、変更のために常に評価されなければならない。適切な評価は戦略実行を貫徹させ、責任ある結果を導いていく。組織のメンバーはこの評価システムによって自らの行動を律し、活動の方向付けを行う。その意味で評価システムこそがすべての流れを最終的に見届けて、戦略と実行の成功を保証するであろう。評価システムの下では昇進、昇給、その他の賞罰が与えられる。

　しかし、この評価システムは複数の目標（KPI も含む）や戦略方向の実行度合い達成をチェックするため多様な評価項目が必要となる可能性がある。評価を将来に生かす視点が重要であり、インフォーマルな評価も用いながらのシステム活用が望まれる。

第Ⅲ章　インバウンドの動向と今後の対応

1　ツーリズムの経済への影響

　国連の試算では世界の国内総生産（GDP 96.51 兆 $、1 京 2,546 兆円）の 1 割（約 1,254 兆円）はツーリズムが占める。日本は未開拓の観光資源が多く、伸びる余地が今後も大きいといわれている。

　5 つの『旅のちから』として以下の点が挙げられる。

1）交流のちから

　国際あるいは地域間における相互理解、友好の促進を通じ、安全で平和な社会の実現に貢献できる。

2）文化のちから

　色々な国や地域の歴史、自然、伝統、芸能、景観、生活などについて学び楽しみつつ、それらの発掘・育成・保存・振興に寄与できる。

3）教育のちから

　旅による自然や人とのふれあいを通し、異文化への理解、やさしさや思いやり、家族の絆を深めるなど、人間形成の機会を広げる。

4）健康のちから

　日常からの離脱による新たな刺激や感動、遊・快・楽・癒しなどを通じ、からだやこころの活力を得、再創造へのエネルギーを充たす。

5）経済のちから

　旅行・観光産業の発展による雇用の拡大、地域や国の振興、貧困
の削減、環境の整備・保全など、幅広い貢献ができる。
（出所）一般社団法人日本旅行業協会

　今回の新型コロナウィルスからの回復は、第二次世界大戦後より
もっと早いことが予測される。しかし、コロナ禍にヒトの流れが止
まった影響は大きく、深刻であった。ただ、その反動も大きいであ
ろう。コロナ以前の日本では、インバウンドが急増していた。それ
まであまり知られていなかった日本各地の魅力が短期間に、とくに
アジアの大々に広く知れ渡っていた。アニメやファッションなどの
「クールジャパン」に日本食の人気で全国の観光地は潤っていた。
　したがって、鎖国状態が終われば回復が急がれる。しかし、受け入
れる人々の認識はコロナ以前とは異なってくる。グローバル化した社
会では、外国人観光客は簡単に増えてしまう傾向がある。そして見境
なく誰も彼もと拙速に格安ホテルを建てた結果を見てしまった。
　今回のコロナ禍ショックでは感染拡大の各段階で観光客が関わっ
ている。観光にはリスクが付きまとうことも知れ渡ったのである。

2　直近の訪日外国人の状況
(1) 2023 年 2 月の状況
　2023 年 2 月の訪日外国人客はコロナ前比 57％に回復した。日本
政府観光局（JNTO）は 2023 年 3 月 15 日、2 月の訪日客数が 147.5
万人だったと発表した。新型コロナウィルス禍前の 2019 年 2 月比
で 57％の水準まで回復した。特に東南アジアのベトナムやインドネ
シアからの増加が目立った。欧米からも復調しており、3 月初めの
中国に対する水際対策の緩和を前に訪日客の裾野の広がりが見えた。
　2 月の訪日客数は 1 月からは 2.2 万人減った。日数が少ないこと
や観光の閑散期だったことが影響しており、回復率では 1 月（56％）
を上回っている。

図表Ⅲ-1　2023 年 2 月の訪日外国人

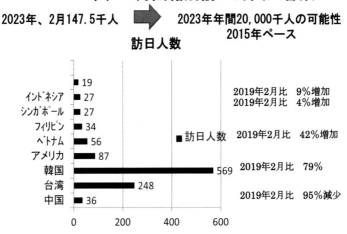

２０２３年、２月国籍別訪日外国人客数

2023年、2月147.5千人　➡　2023年年間20,000千人の可能性
2015年ペース

訪日人数

合計　147.5千人　2019年2月比　57%
増加率の大きい国　　台湾　韓国　タイ　シンガポール　香港　ドイツ　米国

単位：千人　　出典：日本政府観光局（ＪＮＴＯ）

　　1～2 月の合計では年間訪日客数が 1973 万人だった 2015 年を上回るペースで推移しており、年間 2,000 万人を超える可能性も高まってきた。

　　国・地域別では韓国が 56.8 万人と最多で、2019 年 2 月に比べ79%の水準に回復した。

　　東南アジアではベトナムが 5.5 万人で同 42%の増加、インドネシアが 2.6 万人で同 9%増加、シンガポールが 2.7 万人で同 4%増加とそれぞれコロナ前を上回った。コロナ前に最多だった中国は、水際対策が続いた影響で 95%減少の 3.6 万人であった。

　　米欧地域もコロナ前に近づいてきた。米国は 8.6 万人で 2019 年 2月の 94%となり、カナダは 1.9 万人で同 80%、英国は 1．5 万人で同66%となった。濃淡はあるが順調に回復しており幅広い国・地域から

日本を訪れている状況がうかがえる。訪日客の増加で小売りやサービスの現場は活気を取り戻している。百貨店大手 5 社の 2 月の既存店売上高は、三越伊勢丹ホールディングス傘下の「三越伊勢丹」が22 年 2 月比で 32.3%増加となるなど 2〜3 割台の増加となっている。

タクシー大手の日本交通（東京・千代田）では訪日外国人の観光タクシーの利用が足元でコロナ前の半分ほどに戻ってきている。

原料高などで逆風下にある食品業界にとっても訪日客の恩恵は大きい。「マルハニチロ」ではホテルなど向けの業務用水産物や、外食向けの刺し身用国産天然魚の引き合いが強い。同社社長は「インバウンド（訪日外国人）の増加で外食需要が上向いている」と分析する。

日本政府は中国からの入国者に対する水際対策は 4 月 5 日から緩和した。中国本土からの直行便による全入国者に求めてきた出国前72 時間以内の陰性証明の提示を、ワクチン 3 回接種証明の提示を条件に不要とした。インバウンドのもう一段の回復に向けては中国客の動向が焦点になってきた。

ANA ホールディングスは水際緩和を受けて中国路線の復便や増便を進める。現在は 1 週間あたりの運航便数がコロナ前の 1 割に満たないが、同社社長は「2023 年度はコロナ前の 6 割まで運航規模を戻したい」と話す。

日本航空も羽田−上海（浦東）線などを段階的に増便する計画である。

(2) 2023 年 3 月の状況

3 月の訪日客数は 181.7 万人と、コロナ前の 2019 年 3 月の 66% に戻った。米欧や中東からの大幅な増加が全体を押し上げた。1 人当たりの単価が上がり、2023 年の訪日客消費の「コロナ前」水準の回復も視野に入ってきた。

また、日本政府観光局（JNTO）は 2023 年 3 月の訪日客数を 4 月 19日に発表した。単月で 150 万人を超えたのは 2020 年 1 月以来となる。前月比では 23%増加し、前年同月比では 27.5 倍であった。このまま順調にいけば年間 2,000 万人超に届く可能性がでてきた。

図表Ⅲ-2　2023年3月の訪日外国人

２０２３年３月の訪日客

国	訪日客数（人）	2019年3月比（%）
シンガポール	52、700	＋20.6
米国	203,000	＋15.0
ベトナム	53,600	＋11.9
豪州	45,200	＋2.3
韓国	466,800	
タイ	108,000	
台湾	278,900	
中国	75,700	

出典：日本政府観光局（ＪＮＴＯ）

　国・地域別では米国が20.3万人（19年比15%増加）、ベトナムは5.3万人（19年比12%増加）、中東は1.2万人（19年比5%増加）で、コロナ前の訪日客を上回った。

　中国は前月の2倍の7.5万人となった。3月1日に中国からの渡航者に対する水際対策を緩和し、追い風となった。

　全日本空輸は3月の中国路線の運航便数を前年同月比2.5倍に増やした。旅客数は4倍になった。日本航空も3月の中国路線の旅客数は前月の2倍以上であった。

　しかし、中国政府は日本への団体旅行を許可しておらず本格的な需要回復には至っていない（後2023年8月10日に団体旅行解禁）。

　過去最多の訪日客数だった2019年の3,188万人には直近の単月ベースで7割弱と及ばない。

　単価の上昇により、消費額は回復している。1〜3月期の訪日客の1人あたりの旅行支出が21万2,000円（速報値、観光庁）だったと

の調査を公表した。2019年通年実績（約15万8,000円）から3割増えた。富裕層ほど早く観光へと戻る傾向が影響するが、円安などを背景に単科は上がりつつある。中国以外ではオーストラリア（35万8,000円）、フランス（30万円）が高額で、長期滞在などで単価が上がっている。

　財務省・日銀の国際収支統計をもとにインバウンド消費の傾向をみると、2022年12月、2023年2月に3,000億円を超え、2016～17年の水準まで回復した。2023年の通年ではコロナ前を超すとの見方が出ている。

　野村総合研究所のエグゼクティブ・エコノミストは「2023年のインバウンド消費は5兆円を超え、コロナ前の4.8兆円を上回る可能性がある」と指摘する。

　百貨店などの見込みは強気である。「大丸松坂屋百貨店」などを傘下にもつJ・フロントリテイリングは2024年2月期の百貨店免税売上高を前期比2.3倍の440億円と見込んでいる。過去最高だった2020年2月期の7割強の水準である。

　今後のいっそうの回復には中国人客の動向がカギを握る。J・フロントの取締役は「中国本土を結ぶ直行便の増便といった伸びる可能性がある」と語る。

　中国からの訪日客はコロナ前、国・地域別で最多だった。「団体旅行が許可されたら、より多くの中国人が日本を訪れるだろう」。大連市の旅行会社の女性幹部によると中国研究機関の「中国旅行研究院」は、中国を出入国する旅行客が2023年通年は延べ9,000万人超になると予想する。2022年比の約2倍で、コロナ禍前の約32%の水準である。

　大型連休の海外旅行予約数は前年同期の18倍以上に増えている。航空便数が回復し、平均価格が大きく下がったことが需要につながった。旅行先の上位はタイ、香港、日本、シンガ・マレーシアである。中国政府が団体旅行を認める60カ国には東南アジアやアフリカ、南米どの新興国が多い。現在、米国だけでなく同国と歩調をあ

わすことの多いオーストラリア、日本、韓国は含まれていない。日中外交筋には米国寄りの立場を取る日本と中国の関係は冷え込んだままである。中国側は団体旅行解禁を政治的なカードとして温存している可能性があるとの見方もある。

(3) 免税店の再拡大

図表Ⅲ-3　訪日外国人増加への対応

企業名	対応策
ヤマダホールディングス	5月までに免税対応店をコロナ禍前比5割増
ノジマ	免税対応を3月から一部店舗で再開
ビックカメラ	インバウンド対策の社内部門を再設
大丸松坂屋	一部店舗で休業していた化粧品売り場を再開
マツキヨココカラ&カンパニー	免税対応店をコロナ禍前比2割増に拡大
興和	1泊約300万円の高級ホテルを2025年春に開業

　中国からの入国者に対する水際対策が2023年の4月5日に緩和され、大手小売りで免税対応の店舗を増やす動きが広がっている。

　家電量販最大手のヤマダホールディングスは対応店を新型コロナウィルス禍前に比べて5割拡大した。ドラッグストアのマツキヨココカラ&カンパニーも2割増やした。富裕層の拡大など、訪日外国人旅行の質的な転換をにらんで戦略を見直す動きも出ている。訪日客消費が国内経済の下支え要因として重みを増す。

　ヤマダホールディングスははコロナ禍前の2019年まで免税対応店は東京など主要都市の約170店に限っていた。2022年から23年5月にかけて対応店を岩手県や熊本県などの地方や郊外に広げて約

260 店にする。コロナ禍前に全体の約 1 割だった免税店の割合は約 3 割に高まる。品ぞろえも見直す。コロナ前、訪日客向け売り場は炊飯器など生活家電が中心だったが、音響機器のヘッドホンなど趣味性の高い商品を増やす。

図表Ⅲ-4　訪日外国人旅行消費額（2019 年）

2019年訪日外国人旅行消費額合計　4.8兆円

2019年訪日外国人消費額

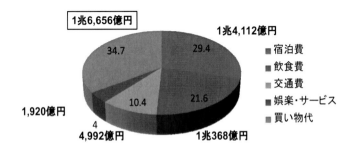

訪日外国人旅行消費額において、買い物代は全消費額の約3分の1を占める
訪日外国人の1人当たりの旅行支出は15.9万円

出所：日本政府観光庁「訪日外国人消費動向調査」

　マツキヨココカラ&カンパニーは傘下の「マツモトキヨシ」などでコロナ禍前に比べて免税対応店を 2 割増の約 1,200 店に増やした。同社の担当者は「ゴールデンウィークの混雑をにらみ、中国語ができる従業員の拡充を検討する」と話す。

図表Ⅲ-5　中国人訪日客（2010〜2020 年）

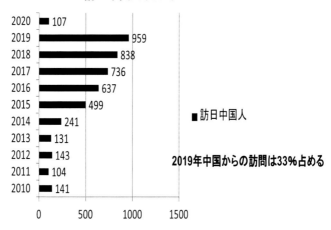

訪日中国人(万人)

1 2 の神薬　在庫切れ頻発
サンテボーティエ　アンメルツヨコヨコ　サカムケア　熱さまシート　イブクイック　サロンパス
ニノキュア　ハイチオールＣ　ビューラックＡ　口内炎パッチ大正Ａ　命の母Ａ　龍角散

天猫国際等越境電子商取引の拡大
中国輸入関税引き上げ　　➡　爆買い失速

　観光庁によると、2019 年の訪日外国人消費額のうち、買い物代
は費目別で最大の 3 割強を占めた。
　とりわけ中国人の消費額が大きかった。中国政府は 2023 年 1 月、
新型コロナの防疫措置に伴う出入国規制を緩和した。中国人が海外
に出やすくなったが、日本の水際対策の影響で訪日は難しかった。
2023 年 4 月の日本側の緩和には小売り各社の期待は大きい。
　「大丸松坂屋百貨店」は 2023 年 4 月に大丸心斎橋店（大阪市）で
休業していた南館 4 階の化粧品売り場を再開した。同売り場の免税
カウンターには外国語が得意な店員を配置し、外国人訪日に対応する。

「松屋銀座店」では 2023 年 3 月の免税売上高が 2019 年の同月と比べて 99%の水準にまで回復している。円安下で宝飾品などの高額品が好調で、コロナ前はあまり買い物をしなかった米国人客も多い。

　三越伊勢丹は富裕層の訪日客らに対応する外商部門の社員を 2023 年 4 月から 1.4 倍に増やした。サービス業でも富裕層向けのビジネスが広がっている。三井不動産は子会社が沖縄県で運営している大型ホテル「ハレクラニ沖縄」で 2 泊 3 日 35 万円の宿泊プランを提供する。興和も傘下のホテル運営会社が 1 泊約 300 万円の部屋もあるホテルを 2025 年春に名古屋市で開業する予定である。

3　インバウンドへの新型コロナ禍の影響
(1)国内外での影響

　2020 年 5 月 25 日、安倍総理は、総理大臣官邸で第 36 回新型コロナウィルス感染症対策本部を開催した。6 月に感染者が増え始め、7 月にはさらに拡大が続く中で、「Ｇｏ　Ｔｏ キャンペーン」が、東京発着を同年 10 月に遅らせて始められた。

　一方国連世界観光機関は同年 5 月末『観光の再開に向けたグローバル・ガイドライン』で優先順位を示し、安全でシームレスな国際観光のあり方を示した。

1.安全でシームレスな空路・海路・陸路の国境におけるマネジメント
2.民間セクター分野横断的な方策
3.安全な空の旅
4.ホスピタリティー
5.ツアーオペレーター・旅行代理店
6.会議・イベント
7.アトラクション・テーマパーク
8.デスティネーションにおける計画・運営について指導方針を示した。

　現代のグローバル社会では、国境を越えたモノ、カネ、ヒトの移

動が当たり前になり、庶民も若者も気楽に国境を越えられる。新型コロナウィルスが引き起こした現代の鎖国はいつまでも続かないし、自由な移動を止めることもできない。グローバル化は、もちろんいいことばかりではなかったから、反グローバリズムは勢いを増していくかもしれないことを示した。

図表Ⅲ-6　2020年の年間訪日外国人

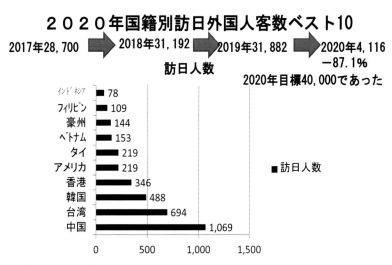

２０２０年国籍別訪日外国人客数ベスト10

2017年28,700　2018年31,192　2019年31,882　2020年4,116
　　　　　　　　　　　　　　　　　　　　　　　　　　　　　　−87.1％
訪日人数
2020年目標40,000であった

合計　4,116　−87.1%
減少率の大きい国　　韓国91.3%　中国88.9%
　　　　　　　シンガポール88.8%　マカオ89.9%　英国　88.0%　イタリア91.6%
　　　　　　　　　　　　　単位：千人　　出典：日本政府観光局（ＪＮＴＯ）

今回経済的打撃を受けた地域では、国際観光市場に過度に依存しないローカルな生き方を求める可能性がでてきた。各地それぞれの課題と解決策が模索され、新しい観光の姿が追及された。

図表Ⅲ-7　2020年の年間訪日外国人

２００３年～２０２０年、訪日外国人推移

訪日外国人客数の推移

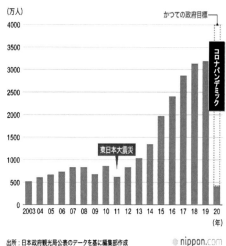

出所：日本政府観光局公表のデータを基に編集部作成　● nippon.com

**日本政府観光局が発表した2020年の訪日外国人数は前年比87.1%減の411万5900人だった。
東日本大震災があった2011年の621万人も大幅に下回り、1998年の410万人以来、22年ぶりの低水準
2021年は25万にまで減少、2022年は383万人まで回復**

(2) 世界の観光への影響

　国連世界観光機関によると、2020 年の新型コロナウィルス）感染症の影響で、世界の 96%の国々が海外旅行を制限した。90 カ国以上で国境を閉鎖、もしくは通過を制限し、44 カ国以上が感染国に滞在した旅行者の入国を制限した。世界が初めて経験した極端な渡航規制であった。この規制が、今や世界 GDP 総額の 10%以上を占める観光産業に与えた影響は大きい。観光産業だけでも、世界中で何億人分もの雇用が失われた。そして、第二次大戦後、75 年間も続いた経済成長に急ブレーキがかかった。

　この間にすすんだグローバル化は世界の産業経済を拡大させ、観

光産業の成長を加速した。その結果、すでに半年を越えた渡航規制の影響は大きくなった。世界各地でロックダウンが実施され、経済活動が停止した。影響が地球規模で増幅され、深刻な不況が継続した。しかし、グローバル化は簡単に後戻りできない。急激なグローバル化の結果生じた過度な海外依存を避けつつ、世界市場と自国、地域の産業経済との適正な関係、バランスを考慮した政策を進めていかなければならない。

図表Ⅲ-8　世界の外国人訪問者数（2020）

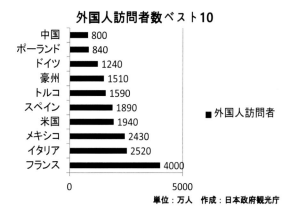

2020年の世界全体の観光客数は3億9,400万人（2019年比73.1%減少、10億7,200万減）
マレーシア　430　　タイ　670　マカオ　280　韓国　250
日本　411　21位（アジア5位）シンガポール　210
日本　411　（2019年比）87.1%減少

　初めは中国人が、次はヨーロッパ観光から帰った日本人が、やがて東京や大阪など感染者が多い大都市から訪れる観光客が感染源になることが分かり、京都市長や沖縄県知事、湘南海岸のある神奈川県知事らも次々と「今は観光に来ないでほしい」と呼びかけた。世

界中の国々で渡航中止勧告が出され、開かれていた世界が瞬く間に閉ざされ、鎖国状態に陥った。国際観光市場は閉塞し、航空・宿泊・旅行業等の観光インフラを支える企業体の経営が悪化した。世界経済への影響ははるかに深刻で企業の経営破綻が続き、失業者、生活困難者が増え、観光需要は大きく減退し続けるという第二の危機が続いた。一般市民の外出が制限されるという大事件が、観光客の増加にも起因するという認識は、これまで何の抵抗もなく観光客を受け入れてきた人々の認識を大きく変えてしまったのである。

4　コロナ禍前の観光需要

図表Ⅲ-9　2019 年の訪日外国人

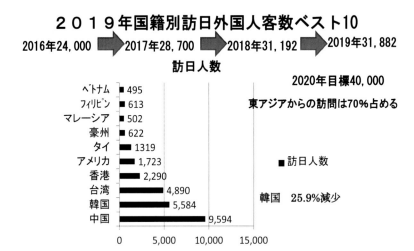

２０１９年国籍別訪日外国人客数ベスト10

2016年24,000 ➡ 2017年28,700 ➡ 2018年31,192 ➡ 2019年31,882

訪日人数

2020年目標40,000

東アジアからの訪問は70％占める

国籍	訪日人数
ベトナム	495
フィリピン	613
マレーシア	502
豪州	622
タイ	1319
アメリカ	1,723
香港	2,290
台湾	4,890
韓国	5,584
中国	9,594

■訪日人数

韓国　25.9%減少

合計31,882　2.2%増加
伸び率の大きい国　フィリピン21.7%　ベトナム27.3%
　　　　　　シンガポール12.6%　タイ16.5%　中国　14.5%　インド14.2%
単位：千人　出典：日本政府観光局（ＪＮＴＯ）

図表Ⅲ-10　世界の外国人訪問者数（2019）

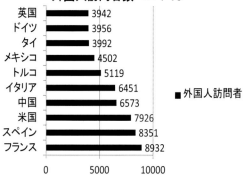

２０１９年世界の観光の動向

外国人訪問者数ベスト10

国	外国人訪問者
英国	3942
ドイツ	3956
タイ	3992
メキシコ	4502
トルコ	5119
イタリア	6451
中国	6573
米国	7926
スペイン	8351
フランス	8932

単位：万人　作成：日本政府観光庁

マレーシア　2,610　14位　香港　2,375　16位　タイ　3,992　8位
マカオ　1,863　21位　韓国　1,750　25位　日本　3,188　12位（アジア3位）
シンガポール　1,512　30位　台湾1,186　36位
日本　3,188　（2018年比）2.2%増加　　　円安・消費税免税制度拡充
ビザ（入国推薦状）の大幅緩和
東アジア地域で70%

（1）世界の観光ビジネスのスタート

　観光の大衆化は、これまでも旅行費用が下るたびに進んでいる。最初は1839年に英国の「トマス・クック」が発明した団体旅行である。「レスター」から「ラフバラー」までの17.7キロ（11マイル）の日帰り旅行に鉄道を利用し、570名の禁酒運動参加者を団体で運んだという。それは手軽なピクニックであった。

　1841年には鉄道会社が団体専用の臨時列車を運行し、より安い日帰り旅行ができた。1851年には、鉄道で「ロンドン万博」を見物に行く団体旅行が事業化され、鉄道会社は600万人も運んだという。

　19世紀末にはヨーロッパ中に、その後20世紀初頭に世界中に鉄道網が広がり、海外にも団体旅行で出かけるようになったという。

1）日本での観光ビジネス

　日本の団体旅行も意外と早い。ほぼ同時期に普及し、大規模化している。したがって団体旅行というとまず日本人を思い出す欧米人が多い。海外旅行以前から日本には団体旅行の歴史があった。

　日本では旅行社が募集するもののほかに、会社の職場旅行や報奨旅行、商店街組合や町内会、サークル等による親睦旅行が団体で行われ、会議や視察目的の出張や業務旅行の団体もある。交通機関や宿泊施設、観光施設では団体料金が適用され、1 人当たりの費用が軽減される。したがってみんなで行って思いっきり楽しむことができる。よく知った者同士が、知らない土地では自分たちのルールで傍若無人に振る舞う傾向があった。これが、団体旅行が嫌われる原因になった。

　近代以前から「伊勢講」や「富士講」といって村落や都市の伝統的社会の中で仲間をつくり、一緒に旅行する参詣のための旅の形があった。この講が戦後もさまざまな親睦旅行になり、1960 年代には農協系の旅行社が組合員を視察と称した海外旅行に送り出した。また、すでに明治期には中学校や師範学校で修学旅行が始まっており、少子化の現在も途切れずに続いている。

2）ヨーロッパでの観光ビジネス

　ヨーロッパでは 2 度の世界大戦で観光産業は大打撃を受けたが、戦後の民主化と休暇の拡大で観光旅行は瞬く間に再生した。1970年にはジャンボジェット機が登場した。これで一気に航空運賃が下がった。350 人以上が乗る大型機を稼働させるために、大幅に値下げした団体割引運賃が適用された。そして、近年は LCC（格安航空会社）がさらに安い運賃で誰でも旅行できるようにした。マスツーリズムは誕生から現在まで、大勢の客を安く運び続け、観光客をどこかに集中させてきている。

(2) パッケージ・ツアーによる市場の拡大

　ジャンボ機の登場で航空機は急に大型化したものの、当初はそれほどの数の客がいなかった。だから、大量の空席を残すよりも、コスト割れを避けるために低運賃でも客を乗せたほうがいいと考えられた。しかし、ジャンボ機を満たすほどの団体旅行を集めることはできない。そこで、ジャンボ機を利用するためだけの団体旅行を仕立て、個人向けの旅行商品にバラして売り出した。これがパッケージ・ツアーである。

　パッケージ・ツアーは米国で始まり、日本で大きく発達した。航空会社や旅行会社が仕立て、個人客に売り、運送・宿泊・観光の料金を一括して集めて行う旅行商品である。会社は出発地から帰着地までの全行程を団体旅行として管理する。

　安い団体料金の値段でも、人気の旅行先であれば、十分な利益を上乗せできる。一方、顧客は旅行代理店が数多く取り揃えたパッケージの中から、自分の都合と希望に沿った旅先、値段の旅行商品を自由に選ぶことができる。航空券や鉄道、海外のホテルの手配等の手間に煩わされることもなく、そして何より、より安い料金で旅行できる。

　パッケージ・ツアーは団体料金でも、個人客を集めただけであるから、統計上は個人旅行に分類される。日本人向けの海外旅行商品としては、海外渡航制限が解除された 1964 年の翌年に始まった「ジャルパック」が最初である。そして、ジャンボ機が登場してからは、その便が発着する空港が位置する大都市にとくに大量の観光客が集中するようになった。過度の集中が観光公害と見られ、団体旅行が嫌われる第二の原因にもなっている。

　パッケージ・ツアーでは、顧客は添乗員に補助されて他の客と一団で旅行していた。1990 年代には添乗員なしのフリープランも増えた。また、旅行代理店はオプショナルツアーを多様に用意し、ツアー客の自由度を上げた。旅先では現地駐在のスタッフがさまざまなサービスを提供した。市場が拡大し続けたため、このビジネスモ

デルは十分に維持できた。

　これまでもいろいろな変化があったが、最近は団塊世代の高齢化で、添乗員付きの高額ツアーの人気がむしろ高いといわれている。ビジネスクラスに乗り、高級ホテルに泊まる。さらに高齢者になると豪華客船を高級老人ホームのように使う高額のツアーもある。したがって、車椅子でも海外旅行が楽しむことができる。このビジネスモデルは、成長著しい東アジアの国々にも瞬く間に普及した。すでにノウハウは確立している。日本で戦後 70 年、海外旅行自由化以来 50 年かけて開発してきたさまざまな旅の形を、今では中国の人々が日本向けのツアーをさらに安い値段で楽しんでいた。

　一方、低価格帯の国内パッケージ・ツアーも根強い大気である。航空券とホテルのパックが多いが、バスを仕立てて日帰りや 1 泊の短い募集型企画旅行も盛んである。旅行会社は安価な料金から利益を絞り出すために、ドライブインのレストランや土産店に値下げかマージンを求める。求めすぎるから団体客が嫌われるもう一つの原因になる。このモデルも中国人企業がすぐに採用した。さらに値段を下げるため、店からもらうマージンで利益を上げる白バス、白タクと呼ばれる無許可営業も盛んで、中国人同士の場合、中国国内の金融機関決済のクレジットカードで払い、日本国内では支払が発生しない方法を取る。

　しかし、現在は海外パッケージ・ツアーの市場規模は縮小している。それは、2001 年の同時多発テロを境に日本人の海外旅行熱が冷めた影響もあるが、その後の 20 年間に人口減少が進んだ。そして、今では航空券とホテル、さらに鉄道もネット予約・販売が盛んになり、代理店を通さずに航空会社、鉄道会社、ホテルがじかに顧客と取り引きする方法もある。航空、鉄道はもとよりホテルも人手をかけずに販売できる仕組みができたからである。

　ネット社会では観光以外でも、個々人が手間暇をかけずに買い物し、決済している。手間暇かけず団体割引並みの安い料金で旅行できるのだから、団体旅行やパッケージ・ツアーが減り、本当の個人

旅行が増えている。中国は世界有数のネット先進国であり、ネット決済が普及し、ネットで観光消費が進む。LCC（格安航空会社）も華僑の多い東南アジアで始まった。民泊も「ウーバー」も中国人観光客が日本人に先行して、上手に使いこなしている。しかし、個人旅行とはいえ、従来の団体旅行に似ている。

　今増加しているのは、団体並みの安い費用で旅行する客ではあっても、昭和期までの団体客とは違う。パッケージ・ツアー客とも違う。観光客の過度な集中は、個人客が集まる現象である。

　かつては、旅行社が売れ筋の企画を大量に売り捌いた結果だった。それはよく知られていることであり、つまり情報量が多い観光地だった。今では旅行社を通さないが、一般の観光客はインターネット、あるいはテレビで一方的に紹介され、混雑している観光地に誘導されている。これがマスツーリズム問題である。今では安いからというよりも、簡単に手に入るネット上の情報に踊らされている。これが現在のネット時代の観光の大衆化である。これを逆手にとって、著名な観光也では混雑を避けるための情報を発信、誘導し始めた。コロナ後は「3密」回避の手段になった。

　これまで誘導してきた側、たとえば旅行代理店がどこまで意図的だったかは分からない。航空会社、ホテル、発券業者はそれぞれ独自の利益を追求したが、業界全体の利益や観光客の満足度を考えて判断したわけではない。観光旅行を企画する旅行代理店は、予約と発券の手数料収入を最大化し、パッケージ・ツアーの利益率を上げることが目的なのだから、一件の利益率を上げることが難しければ、回転率を上げることに走る。つまり、薄利多売型の旅行商品を開発してきた。したがってビジネスの都合上、会社の利益を上げるために混雑を起こしていたのである。空いていれば安くても売った。ネット社会になったからといって、この傾向が緩和されたわけではない。今では、観光地に来た人々が、その体験をどや顔でネットに発信し、フォロアーに喜ばれようとしている。個々人は意図しなくても、その情報が過度な集中を引き起こすことがある。また、ネット

以前と比べると、ユーザーが多様化したため、特定の季節に限って起こる集中が減ったとも言われる。そのため、過度の集中を避け、適度な分散を図るために、この情報を制卸する対策が要る。同時に、運賃や宿泊費を変えて効率的な経営を目指すようになった。

図表Ⅲ-11　世界の観光動向（2018）

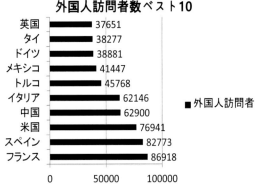

マレーシア　25,832　15位　香港　29,263　14位　タイ　38,277　9位
マカオ　18,493　20位　韓国　15,374　27位　日本　31,192　11位（アジア4位）
シンガポール　13,909　30位　台湾11,067　37位
日本　31,192　（2017年比）9％増加　　　　円安・消費税免税制度拡充
　　　　　　　　　　　　　　　　　　　　ビザ（入国推薦状）の大幅緩和
　　　　　　　　　　　　　　　　　　　　東アジア地域で70%

（3）欧米でのツーリズムの経緯

　75年前、第二次世界大戦終結後の欧州観光の回復は早かったという。飛行機も少なく、今からすればかなり不便な船と鉄道の旅だったであろうと思われる。高速道路も未発達な時代であったが、平和を謳歌するアメリカ人観光客でヨーロッパ、とくにフランスやイタリアが賑わったという。そういえば、同時期日本に進駐したアメリ

カの軍人とその家族も、「日光」や「箱根」など各地の観光ホテル
を盛んに利用していた。

　回復が早かったもう一つの理由は、戦争直前の 1930 年代、すで
に観光の大衆化が始まっていたからでもある。フランスとイタリア
ではバカンスが制度化され、「ヴェネツィア」や「リビエラ」、「コ
ート・ダジュール」や「ジュネーブ」といった保養地が知られてい
た。その魅力的な観光地から順番に、戦後の観光ブームが広がった。
その後、東西対立の時代からヨーロッパの経済統合が徐々に進み、
国境を超えた移動が、自由で平和な繁栄した社会を求める人々に支
持され、観光の発展とともに現代の国際社会が形成されていった。

図表Ⅲ-12　東南アジアへのビザ大幅緩和

東南アジア５カ国のビザ（入国推薦状）の大幅緩和内容

タイ、マレーシアの観光ビザ免除

ベトナム・フィリピン期限内数次ビザ発給

インドネシア1回の滞在期間延長（既に数次ビザ発給）

中国高所得者数次ビザの有効期限を5年に延長

外国籍の人が日本に入国するには
①有効なパスポート所持
②外国にある日本大使館・領事館でビザを取得していることが必要

ビザなしで入国できる国は68カ国（世界194）ある（2014年12月）
2022年現在、水際対策でビザ免除措置を停止

(4) 観光客増加の世界的趨勢、日本での急増

　コロナ禍までは、世界中で国際観光旅客数が増加していた。20 世紀末の 6.8 億人が、20 年後の 2019 年には 12 億人とほぼ倍増、予測では 2030 年には 18 億を超える勢いと言われていた。それは LCC(格安航空会社)の効果が大きいと考えられる。今では誰もが空の旅ができるほど安くなったと豪語する会社もあったという。

　今思えば、随分と楽観的な予想だった。実際、LCC(格安航空会社)を利用する観光客には、20 世紀には発展途上国と呼ばれた国々の人々が多い。それも、東アジアと東南アジアなどのこの四半世紀に国民所得が急上昇した国々であった。

図表Ⅲ-13　アジア各国の一人当たりＧＤＰ推移

98

　加えて保健医療が劇的に改善し、国民の寿命が延びた。食をはじめ生活が豊かになり、消費が拡大し、ついに海外旅行を始めたのだ。すでに 1990 年代には、韓国と台湾が世界の観光市場で存在感を増していた。それが 2010 年以降、人口規模がはるかに大きい中国の海外旅行客が世界を変えた。

図表Ⅲ-14　アジア主要国人口、世帯数、平均寿命 (2019)

年齢区分	人口 人	世帯数	世帯人員 数：人	平均寿命 女：歳	平均寿命 男：歳
日本	1.26 億	4,900 万	2.6	86.9	81.5
中国	13 億	5 億	2.6	80.5	74.7
韓国	5,200 万	2,150 万	2.4	86.1	80.3
台湾	2,380 万	890 万	2.6	84.7	78.1
インドネシア	2.7 億	7,100 万	3.8	73.3	69.4
タイ	6,700 万	2,160 万	3.1	74.4	81.0
フィリピン	1.1 億	2,300 万	4.8	73.6	67.4
マレーシア	3,300 万	850 万	3.9	77.1	72.6
ベトナム	9,600 万	2,700 万	3.6	78.1	69.6
インド	13.7 億	3.4 億	4.0	72.2	69.5

（出所）ＷＨＯ、国連人口基金統計資料

　ほかにも、世界最大の LCC、「エアアジア社」を擁するマレーシアを筆頭に、東南アジア諸国の観光客も急増していた。とくに、人口が多いタイの若い観光客が京都でも目立っていた。このタイミングで日本政府は観光ビザの緩和を進めた。中国人観光客への緩和措

置がよく知られるが、インドネシア、シンガポール、タイ、マレーシア、香港、韓国、台湾等の人々にもビザ免除措置を取った。ICAO（国際民間航空機関）基準の IC パスポート所持者で 15 日以内の観光目的の滞在なら、手続きはさらに簡略化されている。もちろん観光客の増加による経済効果を狙ってのことであった。その結果、東アジアも EU 諸国のように、国境を越えた自由で気楽な観光旅行が可能になった。それも極めて短期間に可能になっている。

　また、外為市場で円安傾向が長年続いていた。したがって、新規の LCC（格安航空）会社の客にとっては日本はお得な観光地に見えた。工業製品を通じてもともと人気の高い日本の「ポップカルチャー」や「クールジャパン」を官民挙げて大々的に売りだしその効果も絶大であった。2001 年 477 万人の訪日外国人は 2017 年 6 倍の 2,869 万人、2018 年 3,116 万人に増加している。

5　観光市場への影響要因

　観光の歴史の中で観光客の急増も危機的な減少も初めてではない。日本でも高度経済成長期の観光の急激な伸びで全国各地に観光客が押し寄せた時期があった。逆に 1995 年の阪神・淡路大震災、2003 年の「SARS」、2011 年東日本大震災直後に観光客が激減した。2018 年には西日本豪雨、大阪府北部地震が起こり、台風 21 号は関西空港を直撃した。北海道胆振東部地震の影響も記憶に新しい。2001 年の同時多発テロの頃から日本人海外旅行者数は伸びていない。

　国内旅行者数は 1995 年の阪神淡路大震災頃から伸びず、消費金額も下がっていた。一方、東日本大震災で一旦減少した外国人は、その後急速に増加した。この増加で売上げを伸ばし、店を拡大させた飲食・宿泊事業者の打撃が大きかった。大阪のようにとくにその伸びが大きかった地域でより深刻である。さらに中国、韓国からの観光客の比重が高いとなお悪い。

　この急な増減による影響を緩和し、地域社会への影響を抑える政策が持続可能な観光であるといわれている。インバウンドに依存す

る以上、世界規模の危機を乗り越える耐力を持つ観光事業者を育てる仕組みが必要である。もちろんインバウンドに過度に依存しないほうがいいことはいうまでもない。

　京都でも 8 割（コロナ禍時点）までを占める日本人客を維持すれば耐力がつくと思われる。一方、欧米諸国では国内客が 5 割近く存在している。イタリアは、ドイツという大国が近く、外国人客が 3 割以上を占めるが、米国、オーストラリア、日本、中国等のその他の国々の多様な客を獲得し、出発国間のバランスも維持している。それでもコロナショック後は、イタリア人優先、州内住民尊重、地元顧客割合をさらに上げようとしている。加えて、「3 密」を避けるために観光客に分散化を求めるという。歴史と自然、都市と農山漁村、博物館とスポーツ、多様な観光目的を用意し、極力団体客を避ける努力を行っている。

図表Ⅲ-15　免税店店舗数推移

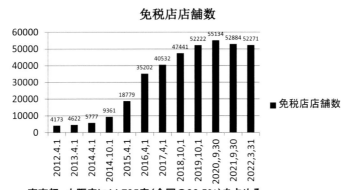

東京都、大阪府に14,795店（全国の36.5%）を占める

都市別店舗数(2017)
①東京10,375②大阪4,420③神奈川2,360④北海道2,247⑤福岡2,218
⑥千葉2,088⑦京都1,474⑧兵庫1,412⑨愛知1,609⑩埼玉1,193

出所：国税庁所管地域別「国税庁集計」

それに比べて、日本は隣国の中国の人口と経済規模は大きい。観光の初心者が多い場合、バランスを取ることも集中を避けることも当面は難しいであろう。

最近まで外国人客の受入れが少なかった日本の観光関連事業者と市町村には、今回の打撃は貴重な教訓になる。この打撃から立ち直るとともにより持続性の高い世界的観光地と観光産業に成長するための構造改革が求められる。

(1) ショッピングツーリズム

図表Ⅲ-16　訪日外国人旅行者が購入した商品

訪日外国人旅行者5カ国の日本で購入した物品

	韓国	台湾	中国	米国	香港
1位	菓子類	菓子類	菓子類	食料品、飲料、酒	菓子類
2位	食料品、飲料、酒	化粧品、医薬品	化粧品、医薬品	菓子類	服(和服以外)カバン
3位	化粧品、医薬品	食料品、飲料、酒	食料品、飲料、酒	和服(着物)民芸品	食料品、飲料、酒
4位	服(和服以外)カバン	服(和服以外)カバン	服(和服以外)カバン	服(和服以外)カバン	化粧品、医薬品
5位	マンガアニメ関連	和服(着物)民芸品	カメラ、ビデオ、時計	化粧品、医薬品	和服(着物)民芸品

訪日上位5カ国において、各地の名産品も多い菓子類、食料品、飲料、酒を多く購入

出所：日本政府観光庁（2018）「訪日外国人消費動向調査」

　ショッピングツーリズムは国際交流を深化させ、旅の力を買い物に結び付け地方経済の活性化を目指すことができる。

　旅行には、「交流」「文化」「教育」「健康」「経済」という 5 つの大きなちからがあることは既に述べた。人と人との交流を通じて地元の文化を知り、相互の理解を深め、心身の充足感を満たす効用を持つことができる。そうした旅の力をショッピングに結び付け、最終的には地方経済の活性化を実現する。それが、ショッピングツーリズムが目指す地方創生の姿であるといえる。

　所得水準の向上や訪日回数などによって、訪日外国人の旅のかたちはこれからどんどん変わっていくことが考えられる。パッケージ・ツアーではなく、個人旅行でレンタカーを利用する人が増えれば、道の駅や高速道路のサービスエリアなどはご当地の名産品を扱う買い物スポットとして面白い存在になるであろう。また地方のデパートなども地元ならではの伝統工芸品を置くべきである。ショッピングツーリズムには先行きが不透明な部分がたくさんあるものの、日本の多様性や文化の魅力を考えれば、その未来はとても明るいと思われる。どこで、何を、どう買ってもらうかという売り手側の意識改革を進め、世界の人たちを受け入れる態勢を整えていかなければならない。

(2) 越境 EC のちから

　京都の「錦市場商店街」に東京や名古屋からの観光客が増えたとき、地元京都市民は観光地化したと嘆いたものであった。しかし、老舗の八百屋、漬物店の遠来の客は一カ月もすると東京から、当時はファックスで注文してくれるようになったという。1990 年代には、少人数で暮らす小さな中高年家庭が増え、野菜も量より質、ブランド野菜を使った一品料理にこだわる客が増えていた。

　もちろん、現在ではファックスでなく、ネットでの通販方式がある。郵便局のネットショップをはじめ、手に入れることが簡単になった。

問題は、ネットショップのジャングルの中で、ディープなファンをどう獲得するのかである。観光客は、ディープなファンの予備軍である。関東人や外国人であるといって遠ざけるのでなく、「錦市場」の八百屋さんのように、丁寧に説明すれば飛びついてくれる可能性がある。そもそも京都が好きだから「錦市場」のあなたの店に来ているのである。京都をリスペクトする観光客は京都の食文化、京の台所への親和性は極めて高いと考えられる。

　近年では「越境EC」方式のネット通販を通じた国際商取引が盛んになった。急速に拡大する電子商取引の効果である。国境を越えた貿易をクロス・ボーダー・トレード（CBT）と呼び、拡大を続けている。自国内向けサイトに沿って、外国語サイトを設け、多言語多通貨対応をすれば、どんな田舎からでも簡単に海外へ商品を発送できる。各地に店を出し、商社を通す手間をいっさいかけず、商圏を世界に広げることができる。ネットの普及と国際観光市場の拡大の効果が地方を変える可能性を秘めている。商材にもよるが、「越境EC」で海外の顧客を対象にすると、日本でビジネスを行うよりもライバルが少なくなるケースもある。

　国際観光市場の拡大がホテルや航空券予約をグローバル基準で達成したように、「越境EC」の普及も時間の問題だと考えられる。

　2019年に発効した「日本EU経済連携協定（EPA）」は、当面日本の輸入超過から始まるだろうが、日本各地を旅するEU市民が「越境EC」で和の美食、食材を取り寄せる時代はそう遠くない。

　現在の和食ブームにはその勢いがあり、京都だけではなく、各地方の特色ある美酒美食を発信することができる。この段階に進むと、われわれの生活を取り巻く環境は劇的に変わる可能性がある。イタリアンも和食もホンモノを簡単に取り寄せることができる。現地を旅したことがある人々が気楽に美酒美食を手に入れられる。小さいながら、美味しいビジネスが国境を越えて広がっていく。そして観光で世界を繋ぐ時代を迎えることができるのである。

6　アフターコロナのインバウンドビジネス

(1)感染症法上の位置づけ変更の効果
　新型コロナウィルスの感染症法上の位置づけが 2023 年 5 月 8 日に「5 類」に移行した。多くの制約がなくなり、インバウンド消費増や社会・経済活動の回復が見込まれる。

　　①感染者の待機期間の見直しによる生産増
　　②飲食などサービス消費増
　　③訪日客の消費増

　この 3 つのアフターコロナ経済効果で 4.2 兆円、GDP の 0.75%を押し上げると試算することができる。
　「5 類」移行で市民への待機要請はなくなった。法律に基づいて原則 7 日間を要請していた感染者の待機期間は「5 日間の療養」との「目安」に変わった。また、濃厚接触者の待機も必要なくなった。
　予期せぬ休業者が減り、活用できる労働力が増えるため生産増につながる。日本全体で 1.1 兆円の効果があるとみられる。
　マスクを着用する人が徐々に減り、社会活動やレジャーへの警戒感も弱まることが予測される。宿泊や飲食、旅行、遊園地・テーマパークなどが他のサービス業並みの活動水準に戻ることで、5,500 億円のプラスが生まれる。足元で急回復する訪日外国人の消費も経済を押し上げる。日本政府観光局によると、2023 年 3 月の訪日客数はコロナ前の 2019 年 3 月の 66%に回復した。1 人当たりの旅行消費金額は 2023 年 1～3 月時点で 2019 年平均に比べ 1.3 倍になった。2019 年並みに訪日客数が戻れば、プラス効果は 2.6 兆円に達するとみられる。

(2)日本政府の「観光立国推進基本計画」の決定
　2023 年 3 月末には 2025 年度までの新たな「観光立国推進基本計

画」が閣議決定された。今後は幅広い国・地域からの訪日客受け入れと消費単価の引き上げが重要なテーマになる。足元では欧米からの訪日客も目立っており、日本の観光地としてのブランド力には手応えがある。さらに円安が追い風となっている部分もある。コロナ前は中国の割合が非常に大きかったが、企業経営と同様にポートフォリオを多様化し、質を高めていくことが重要である。それは危機にも強いといえる。

　長期滞在や富裕層の取り込み強化に向けては、多様性や持続可能性に配慮した「サステナブル・ツーリズム」が欠かせない。むしろ、それをやらない国は旅行先として選ばれない時代になっていくとも考えられる。なかでも「人権」や「脱炭素」、「観光公害」への対策といった点は必須である。

　日本には独自の文化や歴史的な資産がある。これは「サステナブル・ツーリズム」の取り組みと密接に関連し、日本の競争力にもつながる要素である。各地域がそれぞれの魅力を磨き、発信していく。それが地方への誘客にもつながり、観光地自体の持続可能性を高めることにもなる。

　観光立国計画でも、持続可能な観光地域づくりに取り組む地域数を 2025 年に 100 にする目標を掲げている。1 人あたり消費額を 2019 年比で 25%増の 20 万円に引き上げる目標と並び、達成に向けて特に重視すべきところであろう。

　もう一つの課題はデジタル化への早急な対応である。日本政府観光局（JNTO）も SNS（交流サイト）で様々な情報発信やデジタルマーケティングの推進などに.取り組んでいる。また、世界各地の事務所でも情報収集している。観光産業の「情報ハブ（結節点）」になろうという思いは強い。

　デジタルトランスフォーメーション（DX）は観光産業の経営を進化する意味でも重要である。業務の効率化や人材育成に欠かせず、若い人たちが経営に参画し、サービスの高付加価値化を進めるうえでも必要になる。2025 年の国際博覧会（大阪関西万博）も大いに期待

している。その後の統合型リゾート（IR）を含め、日本の観光産業にとって大事な時期を迎えている。

　同時に観光庁は新型コロナウィルス禍で打撃を受けた地域観光の再生に向け、支援策を拡充する。2023年3月28日には訪日客向けの観光企画やコンテンツ制作の経費を補助する事業で139件を採択したと発表した。訪日客数の回復は地域差が大きく、人材確保も課題である。世界各国が観光需要の取り込みを競い始めており、国内各地の競争力の引き上げが欠かせないといえる。

　自治体や民間事業者の観光強化策を支援する「観光再始動事業」の第1弾として、約1,000件の申請から今回は139件が選ばれた。この事業では訪日客向け観光ツアーの商品開発やイベント開催、観光地の魅力を伝えるコンテンツ制作などに最大8,000万円が補助される。

　鹿児島市が「桜島」などをテーマに企画する観光商品や、JR四国による「四国遍路」で修行体験ができる観光商品などが選ばれた。京都市の教王護国寺（東寺）は非公開エリアの特別体験ができる企画も用意する。さらに同事業の第2弾の公募もすでに実施されている。

　これとは別に、インバウンド（訪日外国人）の誘客を集中的に支援するモデル観光地でも11地域を選定したと発表された。数千年前の遺跡と出土品のある岩手、秋田両県の「八幡平エリア」や、神話で知られる鳥取、島根エリアなどが対象となる。観光庁は国際的に有名な観光地以外の活性化も重視しているのである。

　北海道や京都府など有名観光地を多数抱える自治体では回復が進む一方、出遅れた地方も多い。国土交通相は同年3月28日の閣議後の記者会見で、「外国人富裕層は地方での消費が少ない。地域と連携し集中的に解決したい」と強調している。

　地域観光の再生には旅館、ホテルや外食店の人手不足解消とともに、観光の専門人材の育成も欠かせない。観光庁はこのほど人材育成に向けたガイドラインをまとめた。観光地の経営や事業開発などを担う人材を確保することに主眼を置き、組織マネジメントやマー

ケティング、デジタルトランスフォーメーション(DX)などの知識や
技能の習得を後押しする。

　自治体や観光地域づくり法人(DMO)が地域の関係者を巻き込んで
取り組みを主導し、国は育成プログラムの開発や各種助成制度など
で支援するとしている。ガイドラインをもとに関係者間の連携強化
につなげる考えである。

　政府は 2025 年に訪日客の総数で 2019 年(3188 万人)の水準を超
え、1 人あたりの消費額は約 25%増の 20 万円に引き上げることを目
指している。2022 年に急速に進んだ円安が訪日客の回復の追い風
になるとの期待は高まったが、為替市場の先行きは読みにくいとこ
ろもある。観光立国を目指すには人材に厚みを加え、訪日客の満足
度を高める工夫を重ねることが欠かせないといえよう。

(3) 観光資産の再認識

　もちろん食だけが文化ではない。欧米都市の中では多様な芸術活
動が生まれ、芸術が観光客を惹き付けている。かつて欧州文化の首
都からは「創造都市」に繋がる一連の文化政策が、本格的な芸術や
ポップアートだけではなく、小さくて個性的なビジネス活動にも大
きな影響を及ぼした。

　ファッション産業、ハンド・クラフト業界をはじめ、新しい分野
が次々と生まれている。そして、これらの創造的新業種に多くの観
光客が高い関心を向けている。

　人々の創造性を生む街はどんな様子なのか、国際観光はどのよう
に彼らの創造性を刺激したのか。こうした創造性を生むプロセスを
デザインすることが、観光ビジネスを巡る政策になる。それは脱工
業社会の文化産業の創造のプロセスでもある。観光政策とは文化政
策、ホストとゲスト、人々の文化接触を演出し、文化遺産と現代社
会を融合させ、歴史を進化させる現代文化の創造である。

　そこでは、次々と文化商品が生まれ、われわれの暮らしをより豊
かなものに変えてくれる。だからこそ、文化芸術に生活文化が大き

な存在感を持つようになり、生活用品、資材がどんどん輸出される
ようになった。それは、暮らすように旅する人が増え、滞在し体験
する観光形態が普及したためである。

(4) ムスリム観光への再注目

　2022 年、国民にムスリムが多いマレーシアとインドネシアの訪日
客に占める割合は 5.1％と 2013 に比較して 1.7 倍に急伸している。

図表Ⅲ-17　世界のイスラム人口

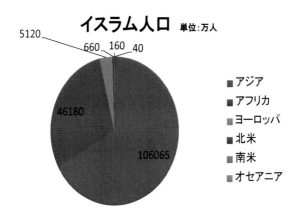

イスラム人口 単位：万人

5120 660 160 40

46180

106065

- アジア
- アフリカ
- ヨーロッパ
- 北米
- 南米
- オセアニア

世界人口の２０％以上がイスラム教徒

２０１５年ハラール市場は１兆＄超と予測され

内、食品市場は約６，０００億＄

出所：Euromonitor

　当初はイスラム教の教義に沿った食事など「ハラール」への対応
が話題の中心だったが、食事以外でもできる範囲で配慮する「ムス
リムフレンドリー」の考えが徐々に浸透している。観光庁の 2022

年の宿泊旅行統計調査（速報値）によると、外国人の延べ宿泊者数で
マレーシアとインドネシアの 2 カ国が占める割合は岐阜県が 9.3％
と最も高く、北海道が 8.3％で続いた。

図表Ⅲ-18　ハラール認証取得フロー

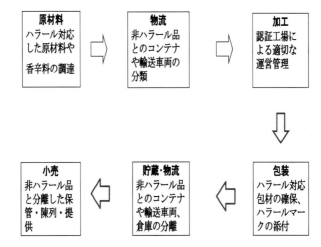

最終製品がハラール認証を取得するまでの概要フロー

ハラール認証の取得には、最終製品の生産工程のみならず、原材料にまで遡った対応が求められる

生産・加工の工程においては、食品衛生や公衆衛生、食品安全に関わる規格の遵守や非ハラール製品とのラインの分離、と畜を行う場合はイスラム教徒より所定の方法による処理が必要とされる

　高山市では地元企業が中心になって 2014 年に「飛騨高山ムスリ
ムフレンドリー」のプロジェクトを開始している。関心のある地域

の飲食店などにムスリム対応の手法などを広めていった。今では具材や調味料をハラール対応にした「高山ラーメン」や「ハラール飛騨牛」が味わえる飲食店も増えてきている。多くの宿泊施設も食事などへの配慮を徹底した。英語のパンフレットには 20 カ所以上のムスリム対応施設を掲載している。

図表Ⅲ-19　ムスリムに評価の高い旅行先

ムスリムに評価が高い旅行先
非イスラム圏の旅行先ランキング

2022年順位	国・地域	2015年順位
1位	シンガポール	1位
2位	台湾	10位
3位	タイ	2位
3位	英国	3位
5位	香港	7位
6位	日本	11位
6位	南アフリカ	4位

出典：マスターカードクレセントレーディング2022年国際調査

ムスリム人口約20億人、増加が続く。
世界での観光支出は2028年までに約30兆円の可能性
日本ではマレーシア、インドネシアの宿泊数割合、岐阜県9．3％、北海道8．3％が高い

　同市などはツアー客を呼び込むために両国の旅行会社や航空会社の関係者などを視察に招くといった活動を続けている。雪を見たいと言って訪れる人も増え、閑散期の冬でもムスリムらでにぎわう。

人気の観光地が多い北海道の中で、もムスリムの注目を集めるのが道東の十勝地方である。帯広市の帯広商工会議所はマレーシアからの職員受け入れをきっかけに、ハラール対応を進める施設のマップを作り、スタンプラリーを企画したりしてきた。2,500種類以上の花が楽しめる同市の庭園も礼拝施設を設けるなど細かい気配りが人気を呼んでいる。

図表Ⅲ-20　日本のローカルハラール企画

日本のローカルハラール規格

日本政府観光局（JNTO）は2013年3月マレーシア旅行フェアー会場で配布したガイドブックの中で初めて「ムスリムフレンドリー」という言葉を使用した。

「ムスリムウェルカム」「ローカルハラール」という言葉も登場するようになった。これらは、ハラール認証のために、貴重な利益源である酒類を販売しないわけにはいかないものの、それ以外の分野ではハラールに対応したサービスを行っている、または可能な範囲でイスラム教徒の顧客ニーズに合わせようとしている取組みである。

ハラール＆ムスリム・フレンドリーマップ　出所：株式会社シーズホームページ

大阪観光局認定事業「ハラール認証」を取得した施設およびイスラム教徒の方々に対し何らかの対応が可能であるホテルやレストラン等を紹介。ピックアップされた約130カ所の施設が紹介されており、現在は大阪市内を中心とする旅行・観光関連施設で配布

宿泊者に占める両国の割合が6.5%と高い静岡県の注目スポットの一つが、静岡市の「鮪処やましち」である。ハラール対応のしょうゆや酢を用意し、店内に礼拝スペースも設ける。着物の帯で手づ

くりした礼拝用マットなども口コミで評判を呼んでいる。

　静岡県もムスリム向けの店舗情報サイトを開設した。アドバイザーが飲食店を個別に支援し、使用食材を視覚的に伝えるためのピクトグラムを提供する。

　マスターカードと「クレセントレーティング」の 2022 年の国際調査では、ムスリムの人口は約 20 億人であり、増加が続いている。世界的なムスリムの旅行者数も 2024 年にはコロ前の水準まで回復する見込みである。また、観光支出は 2028 年までに約 30 兆円に達する可能性がある。

　非イスラム圏でムスリムから評価の高い旅行先として日本は 2022 年には 6 位と、2015 年の 11 位から上昇した。今後の市場拡大も見込んで、訪日ムスリムの取り込みに関心を寄せる地方都市は増加傾向にある。

　自治体や企業のハラール対応を支援するハラール・ジャパン協会は「ムスリムフレンドリー」は観光の大きなキーワードと強調した。イスラム教やハラールの基本を理解し、できることからしっかりと対応していくことが重要である。

(5) これからのインバウンド対応

　パリはコロナ禍前には年間 9,000 万人近い観光客を迎えており、日本の目標は実現可能である。数だけでなく質が重要になる。以前は旅先が交通の便の良いところに極端に集中し、混雑を招いた。

　コロナ禍は世界の旅を変え、日本の観光もアップデートを迫られている。カギは経済、環境、地域社会のサステナビリティー（持続可能性）である。コロナ禍前の 2019 年の訪日客数は史上最高の 3,188 万人に達した。しかし前年比の伸び率は 2.2%まで鈍化していた。1 人当たり消費額は「爆買い」の 2015 年をピークに減少へと転じている。インバウンド政策は行き詰まりつつあったといえる。

　観光地にキャパシティーを超え旅行者が集まるオーバーツーリズムもみられた。一方、外国人の宿泊の約 6 割が上位 5 都道府県に集

中する「地域格差」もあった。持続可能な成長とは言い難く、観光産業に人材は集まりにくい。

　欧米などでは地域や産業の持続可能性を重視する旅行に関心が高い。旅行者が生物保護などに協力する「レスポンシブルツーリズム」、音楽などの行事に参加する「コミュニティーベースドツーリズム」などの試みも広がる。

　長く滞在し地域の食などをじっくり体験してもらえれば、使ったお金が東京などに流れ出る「中心都市などが潤う経済」も防ぐことができる。

図表Ⅲ-21　外国人観光案内所数（増加数順）

順位	都道府県	案内所数
1	北海道	106(12)
2	神奈川県	37(11)
3	長崎県	77(10)
4	秋田県	26(8)
5	鹿児島県	25(8)

順位	都道府県	案内所数
42	東京都	132(-1)
46	大阪府	51(-5)
47	京都府	38(-6)

（出所）2023年6月17日付け日本経済新聞。

　予約サイト「ブッキング・ドットコム」の2022年調査で、世界の旅行者の71%が今後1年間の旅ではサステナブルな行動を心がけると答えている。しかし、日本人は同調査では46%と低い。観光を地域やコミュニティーの持続可能性に結びつける意識は日本ではまだ低いといえる。

　考えようによっては、このギャップはチャンスをも示している。私たちが観光とは無関係と思っている生活文化、伝統、自然が旅の付加価値になりうる。

　良質な旅行者に満足度の高い体験を提供し、リピーターを育て、ビジネスを含め幅広い交流につなげる。観光はそのための入り口であり先行投資でもある。そのためにはまず、需要分散へ地方空港と観光地をつなぐ2次交通を整備する必要が大きいであろう。

　また、観光庁によると外国人観光客が世界一のフランスには約4,000か所の外国人観光案内所があるという。日本政府も案内所の質の向上などに向け、同所の認定制度を導入した（認定施設はｉマークを掲示）。2023年4月末時点の認定外国人観光案内所は全国で1,516か所である。

　日本政府は2030年に6,000万人の訪日観光客の目標を掲げている。観光地では季節や時間帯により繁閑の差が激しく多言語対応可能なスタッフなどを生かしきれていないケースもあり、今後コロナ前の約2倍の目標を達成させていくためには外国人観光案内所を増やすことやＩＣＴ（情報通信技術）を活用した広域連携によるサービス提供の充実も求められる。

第Ⅳ章　フィジビリティ調査

　フィジビリティ調査とは実行可能性や採算性を調べるためのスタディのことであり、同調査でマーケティグ環境についてはジェトロ、取引先企業、金融機関、政府関係部署、同業他社、商社、中小企業基盤整備機構、会計事務所、大使館なども活用して行っていく必要がある。また、対象国特有の政治体制や宗教、文化、商慣習なども理解をしておかなければならない。以下、対象国の市場や事業活動に大きな影響力を有するフィジビリティスタディについて幾つか紹介したいと思う。

図表Ⅳ-1　台湾台北の政府機関

CSD is positioned as a non-profit organization
With a purpose to encourage industrial
cooperation and synergy system development.

1　進出国の政治、経済、社会等の状況

　図表Ⅳ-2 は現地でのフィジビリティ調査の内容を示している。言語、宗教、経済制度、経済動向、思考パターンと行動、文化、他人への信頼度（日本は高信頼性社会）、人口動態、一人当り GDP、当該国の歴史や日本との物価差、商習慣（ビジネスカルチャー）、消

費行動（風習）、ライフスタイル等について調査や分析と同スタディを行う。

　それぞれの国には独自の風習、規範、タブーがある。海外の消費者がある一定の商品についての考え方やその使用方法について十分に点検しておかなければならない。

図表Ⅳ-2 フィジビリティ調査内容

F／S（Feasibility　Study)フィジビリティ調査
（実行可能性調査／採算性調査）

1　進出国の政治、経済、社会等の状況
　　規制、商習慣、言語、宗教、法制度、経済制度、思考、行動文化
　　信頼度（日本は高信頼性社会）、人口動態、1人当りGDP、歴史
　　日本との物価差、商習慣（ビジネスカルチャー）等
2　企業経営に関する重要制度
　　税制、社会保障、労働法令、会社法
3　インフラ　港湾、空港　物流コスト
4　治安
5　労務環境　労賃
6　マーケット　販売先候補、仕入先候補、価格
7　同業他社動向
8　教育環境
9　日本の政府機関
　　日本大使館、領事館
10 日系進出企業の組織
　　日本人会、日本商工会

領事館：自国民のための事務等の機関、外交はしない

　文化的環境を知らないと企業は成功の機会が少なくなる。欧米で最も成功を収めたマーケティング担当者のなかには海外に進出して失敗した者も数多い。また、企業の規範や行動も国によって著しく異なるのである。グローバル企業の経営責任者は海外で交渉を行なう前にこれらの点について必要な情報が与えられるべきである。既

に海外企業の異なった企業行動の事例が示されている。各国におい
て調査しなければならない内容には文化的な伝統、選好、タブーな
どがある。

　また、対象国における嗜好の変化にも注意しなければならない。
先進国では少子高齢化の傾向がみられるが、それに対応した新たな
サービスの発生や健康志向の高まりなどへの対応も必要になってく
る。

<東アジア>

中国

図表Ⅳ-3　中国での思考パターンと行動

中国人像・考え方（一般的な）例
行動、考え方

個人、組織の自己主張が強い（多数の中で埋没しない）

面子を重んじる。恥の文化はない。自分の立場を守る
面子を守るためには間違ったことでもする（儒教の影響？）

親分・子分の社会　蛇頭、貴族社会

「縁」を大切にする（血縁、学歴、出生、地域）
家族・近い友人を信用する
拝金主義、国を信用しない（自己保身・自分は絶対損をしない）

華人（居住国の国籍持つ）、華僑（中国国籍保持）となって世界に根を張る

海外投資、旅行、子弟留学に積極的

聖君理想の思想を残す
儒教の「避諱（ひき）」という考え方。間違えを押し通す。大義のためには悪を隠すことも善

儒教：孔子を始祖とする思考・信仰体系。

（出所）伊藤忠中国法人元総経理談２０１６年

　図表Ⅳ-3 は中国人の一般的な思考パターンと行動を表した図表で
ある。多数の中で埋没しないために個人、組織の自己主張が強いとさ
れる。また、面子を重んじることも多く、日本のような恥の文化はな

いといわれている。儒教の影響が未だ大きいことから自分の立場や面子を守るためには時には間違ったことでもするといわれる。

　血縁、学歴、出生、地域、家族、近い友人などを「縁」を大切にし、信用することが知られており、「蛇頭組織」や「貴族社会」にみられる親分、子分の社会も残っている。

　自己保身や自分は絶対損をしないことがモットーされ、拝金主義が強い。国をあまり信用しない結果、居住国の国籍持つ（華人）や中国国籍保持する華僑となって世界に根を張っている。同時に海外投資や海外旅行、子弟の国外留学に積極的な面が見受けられる。

　儒教の「避諱（ひき）」という考え方が残っており、聖君理想の思想を残している。これは大義のためには悪を隠すことも善という考え方であり、時として間違えを押し通すケースも見受けられる。以上が中国における独自の思考パターンと行動への同スタディである。

　図表Ⅳ-4 は第二次世界大戦後の中華人民共和国歴史を表している。

図表Ⅳ-4　第二次世界大戦後の中華人民共和国

戦後の中華人民共和国

総人口の92％は漢族

2015年経済発展ロードマップ発表
2025年製造強国入り
2035年製造強国中位レベル
2049年製造強国トップ

反日デモ
2005　国連常任理事国入り反対
2010　尖閣中国漁船衝突事故
2012　尖閣香港人上陸、逮捕

外交政策の変化　トウ光養晦→中華民族の偉大な復興

| 1945 | 1953 | 1960年代 | 1980年代 | 1990 | 2000 | 2010 |

日本経済｜復興期｜高度成長期｜低成長期｜バブル期｜構造改革期｜格差発生｜リーマンショック｜欧州危機｜アベノミクス

1949
中華人民共和国成立
国民党台湾へ逃亡

1966〜1977
文化大革命
封建的文化・
資本主義文化批判

1978
改革開放路線決定
社会主義市場経済始まる
1979
米国国交正常化

1989
天安門事件　海外投資活発化
人民解放軍武力弾圧
1997
鄧小平死去

1992
南巡講話

2008
北京オリンピック

4兆元緊急経済対策

公有企業潰す

1972
日中国交正常化
1973
家族計画開始

技貿結合
貸比三家

1991ヤオハン進出
97経営破綻
南巡講話：計画と市場はすべて経済的手段とする

技貿結合：製品と技術の提供必要
貸比三家：三か所以上比較して購入

1979CP進出トウ光養晦有所作為：才を隠し時期待つ、出来ることを行う

1949 年の同国成立以降の主立った経済の動きを中心に示している。簡単にその推移をみると、1966〜1977 年の文化大革命の時期には封建的文化や資本主義文化批判が行われた。日本との関係では 1972 年に日中国交が正常化している。1978 年に改革開放路線が決定され、社会主義市場経済がスタートした。1979 年には米国との国交が正常化された。1992 年、計画と市場はすべて経済的手段とする「南巡講話」が鄧小平により行われ、海外からの投資が活発化した。2008 年、世界経済は「リーマンショック」の影響で混乱したが、同年の「北京オリンピック」の開催もあり、中国政府は 4 兆元の緊急経済対策を実施した結果、国内の公有企業を潤した。2010 年には日本のＧＤＰを超えて世界第二位の経済大国に変貌している。

　2015 年には同国の経済発展のロードマップが発表された。その内容は 2025 年に製造強国に入り、 2035 年には製造強国中位レベルまで成長し、2049 年に製造強国トップに躍り出るというものであった。また、外交政策にも大きな変化があり、従来は才を隠し時期待つ、または出来ることを行うという「トウ光養晦政策」から「中華民族の偉大な復興」を目標とする政策へと転換した結果、関係諸国への対応に変化がみられるようになった。以上が中国の経済制度や近年の歴史からの同スタディである。

台湾

　図表Ⅳ-5 は台湾の民族構成を表した図表である。
本省人（国民党軍が台湾に移住する前からの住民）で 85％を占めており、本省人は台湾海峡を挟んだ大陸南東エリアの福建系と古代中国からの文化を守る正統漢民族とされる客家系に分かれる。外省人（蒋介石率いる国民党軍と共に台湾に移住した）は 13％であり、原住民 2％である。台湾では仏教徒が約 548 万人、道教徒が 454 万人いるとされる。この道教は儒教・仏教・道教という中国 3 大宗教のなかの一つである。

図表Ⅳ-5　台湾人の民族構成

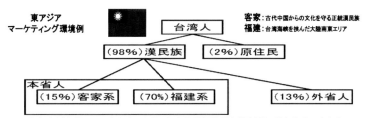

道教では恒常普遍の道は自分で見つけ出さなければならないとされ、仙人になることを究極の理想としている。また、長命を得ることも奨励されている。以上が台湾での言語や宗教の影響からの同スタディである。

図表Ⅳ-6 は近代台湾の歴史を表した年表である。1894 年の「日清戦争」で日本が戦勝国となり、「清国」から台湾を割譲された。

日本へ割譲後は日本の支援もあり、インフラの整備、下水道整備、病院の設立、縦貫鉄道の開通、製糖産業の育成、ダム建設等が積極的にすすめられ、台湾は変貌遂げた。1898 年には児玉源太郎が総督に就任し、後藤新平が民政長官に就任した。後藤は衛生環境整備の一環として、近代的病院の設立に尽力した。また、徹底した調査事業を行って現地の状況を知悉した上で経済改革とインフラ建設を強引に進めている。

1901 年には新渡戸稲造が殖産局長に就任し、台湾における製糖業発展の基礎を築くことに貢献した。1910 年に八田與一は台湾総督府の土木技師に着任し、1930 年まで当時としては東アジア最大の「烏山頭ダム」工事を指揮した。これにより耕地面積と水利灌漑面積は増え続け、多くの畑が水田に変わり農産物の生産量は大幅に拡大している。

図表Ⅳ-6　近代台湾の歴史

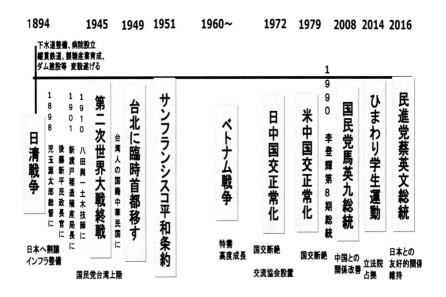

　1945 年日本の敗戦により台湾人の国籍は中華民国籍になる。1972 年日本と中華人民共和国の国交正常化に伴い日本と台湾の国交は断絶することになったが、「公益財団法人交流協会」が貿易、経済、技術、文化などの民間交流関係を維持するための「実務機関」として、同年 12 月 1 日に設立された。2017 年 1 月に「公益財団法人日本台湾交流協会」に名称変更されている。台湾は 1945 年以降、一貫して中華民国の統治下にあり、1949 年の中華人民共和国成立に伴う中華民国政府の台湾移転以降、中華民国が通称としても用いられる。

図表Ⅳ-7　国立台湾博物館

日本統治時代の建物　国立台湾博物館
1915年築
児玉総督、後藤民政長官の業績を記念して設立
国定古跡に指定されている

児玉源太郎　　日露戦争開戦後は満州軍総参謀長として大陸に渡り、総司令官の大山巌を作戦面で補佐して日本陸軍の勝利に貢献した。

　ただし、中華人民共和国も統治権を主張しており、現在も両政府間で問題となっている。2008 年成立した前政権では中国との関係改善を目指していたが、2016 年成立した民進党「蔡英文」総統による政権は日本との友好的関係維持を目指しているとされる。以上が台湾の歴史と日本との関係からの同スタディである。

図表Ⅳ-8　公益財団法人日本台湾交流協会高雄事務所

公益財団法人日本台湾交流協会
日本との国交が断絶したことに伴い、貿易、経済、技術、文化などの民間交流関係を維持するための「実務機関」として、同年に設立された。

公益財団法人日本台湾交流協会高雄　　　　**2017年1月名称変更**

＜アジア主要国＞

　図表Ⅳ-9 はアジア主要国フィリピン、インドネシア、マレーシア、タイ、ベトナムの日系企業投資環境評価を表している。言語と意思疎通、ワーカー雇いやすさ、ワーカーの質、技術者の雇いやすさ、技術者の質、従業員定着率、税制インセンティブ、裾野産業集積度、取引先企業集積度、市場規模と成長性、インフラ充実度、政治や社会情勢安定の各項目について各国ごとに評価している。

　言語と意思疎通ではフィリピン、マレーシアは他国に比べ評価度が非常に高い。反面ベトナム、インドネシアは非常に低い。

　ワーカー雇いやすさの項目ではフィリピン、ベトナムが高評価であるが、マレーシアの評価が非常に低い。

　ワーカーの質の項目ではフィリピン、ベトナムが高評価であるが、インドネシア、インドの評価が非常に低い。

図表Ⅳ-9　アジア主要国の日系企業投資環境評価

アジア主要国の日系企業投資環境評価(%)

	フィリピン	インドネシア	マレーシア	タイ	ベトナム	インド
言語・意思疎通	70.5	6.0	51.2	10.7	5.9	23.4
ワーカー雇いやすさ	42.5	24.1	4.6	15.8	33.1	10.0
ワーカーの質	17.3	4.9	5.7	6.2	14.1	4.7
技術者雇いやすさ	13.0	3.1	1.8	3.7	6.6	5.5
技術者の質	12.2	1.1	7.8	6.9	8.7	6.5
従業員定着率	13.7	7.8	3.9	7.3	9.8	3.0
税制インセンティブ	37.4	2.0	13.4	13.7	12.1	4.0
裾野産業集積	2.9	1.8	6.7	23.3	1.4	3.5
取引先企業集積	10.1	24.3	10.3	45.9	10.7	12.7
市場規模・成長性	31.7	85.3	18.0	53.0	46.8	86.3
インフラ充実	5.8	2,7	44.9	34.4	3.7	3.0
政治・社会情勢安定	19.4	23.2	80.2	12.4	57.6	12.2

2016年9月ジェトロマニラ事務所

技術者の雇いやすさの項目ではフィリピンが高評価であるが、インドネシア、タイの評価が非常に低い。

技術者の質の項目では全体的に評価は良くない。フィリピンが比較的高評価であるが、インドネシアの評価が非常に低くなっている。

従業員定着率も全体的に評価は良くない。フィリピン、ベトナムが比較的高評価であるが、マレーシア、インドの評価が非常に低くなっている。

税制インセンティブの項目ではフィリピンが高評価であるが、インドネシア、インドの評価が非常に低い。

裾野産業集積度では全体的に評価は良くない。タイが比較的高評

価であるが、ベトナム、インドネシアの評価が非常に低くなっている。

　取引先集積度でも全体的に評価は良くない。タイが比較的高評価であるが、フィリピン、マレーシア、ベトナムの評価が非常に低くなっている。

　市場規模と成長性項目ではインドネシア、インドは他国に比べ評価度が非常に高い。反面マレーシア、フィリピンは低い。

　インフラ充実度でも全体的に評価は良くない。マレーシア、タイが比較的高評価であるが、インドネシア、インド、ベトナムの評価が非常に低くなっている。

　政治や社会情勢安定ではマレーシアは他国に比べ評価度が非常に高い。反面タイ、インドは非常に低い。

　以上がジェトロによるアジア主要国別のアンケート調査からの日系企業投資環境評価の同スタディである。

タイ

図表Ⅷ-10　タイの経済制度

日系企業のタイへの経済制度

投資先としてのタイの魅力

整備されたインフラ	設備のある工業団地、空港・港湾、舗装道路網、安定電力供給
外資優遇、通商政策	外国投資優遇政策、FTA締結
産業蓄積	特に自動車産業では2・3次サプライチェーン完成
部材・サービスの調達	低コスト調達可能、製造業タイ国内調達50.5%（インドネシアでは40.0%、ベトナム28.0%）
熟年労働者	1980年以降裾野産業が成長し、育成された
国内需要期待	1人当りDGP多い、中進国のトップ集団
AEC（ASEAN経済共同体）	2015年実現、①FTA②関税撤廃③関税手続き電子化④サービス貿易自由化⑤投資自由化⑥インフラ整備
親日性	企業運営にプラス、駐在員環境良好

　図表Ⅳ-10 はタイの経済制度を表した表である。設備のある工業団地、空港・港湾、舗装道路網、安定電力供給等の整備されたインフラが存在している。外国投資優遇政策、ＦＴＡ締結による外資優遇政策、通商政策では特に自動車産業では 2、3 次サプライチェーンが完成しており、産業蓄積がみられる。また、部材やサービスの低コストでの調達が可能である。

　進出した製造業のタイ国内での調達は 50.5％に達している（インドネシアでは 40.0％、ベトナム 28.0％）。特に、日系企業により 1980 年以降裾野産業が成長し、熟年労働者が育成されている。一人当りＧＤＰはいわゆる「中進国」のトップ集団に位置しており、国内需要が期待される。

　2015 年にＡＥＣ（ASEAN 経済共同体）が実現したことで、①ＦＴＡ、②関税撤廃、③関税手続き電子化、④サービス貿易自由化、⑤投資自由化、⑥インフラ整備が期待される。また、同国の親日性もあり日本人駐在員の生活環境は良好であり、企業運営にプラスになっている。以上がタイの経済制度、経済動向からの同スタディである。

マレーシア

　図表Ⅳ-11 はハラールとノンハラールの範囲を表したイメージ図である。ハラールとは行為者が罰せられることのないイスラム教（シャリーア法）で許されている物事または行為を指し、ノンハラールはシャリーア法で不浄とされるものをいう。生活全般のなかで許されているハラールは健康的、安全、清潔、高栄養、高品質なものであり、禁じられているものがノンハラールである。またハラールとノンハラールが混在することも許されていない。

　マレーシアの国教はイスラム教（ただし各民族の宗教は自由）であり、同国も含めたイスラム教圏では宗教の影響を受ける。したがって、該当する製品はハラール認証を受ける必要がある。

　ハラール認証の取得には、最終製品の生産工程のみならず、原材

料にまで遡った対応が求められる。生産や加工の工程においては、食品衛生や公衆衛生、食品安全に関わる規格の遵守や非ハラール製品とのラインの分離、屠畜を行う場合はイスラム教徒による所定の方法による処理が必要とされる。

図表Ⅳ-11　ハラールとノンハラール

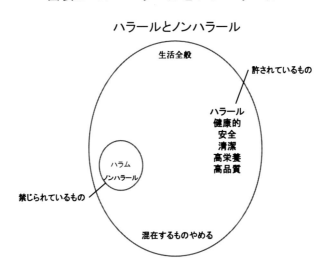

ハラールとノンハラール

　図表Ⅳ-12 はハラール認証体制を表した図である。マレーシアはシンガポールと同様に政府直属型ハラール認証機関を政府直属の組織としている。ハラール認証の国内統一基準を制定しており、ハラール認証書はマレーシアの所轄官庁が発行する。

　ハラール認証マークはマレーシアの所轄官庁の認可を受けた製品は全てが同規格の要求事項を満たしている場合に当該官庁のハラール認証マークを付けることができる。

　当該要求事項は食品以外にも化粧品編、医薬編、物流サービスの取り扱いにおいても含まれている。また、インドネシア（ＭＵＩ）でも独自のスタンダードが設けられており、牛屠畜編、食品編、香料編の 3 つのカテゴリーで分けられている。以上、イスラム教（宗教）

の影響からの同スタディである。

図表Ⅳ-12 ハラール認証体制

ハラール認証体制

①乱立型

　政府はハラール認証機関に関与しない
　各認証機関が独自基準で認証　　　　　日本、ドイツ

②政府統制型

　政府はハラール認証機関を認定
　各認証機関の必要最低要件明記　　　　オーストラリア

③政府直属型

　ハラール認証機関を政府直属の組織とする
　ハラール認証の国内統一基準制定　　　マレーシア
　　　　　　　　　　　　　　　　　　シンガポール

図表Ⅳ-13　マレーシア日系百貨店のノンハラール売り場

小売業ではノンハラールな商品を集めたコーナーを設ける
マレーシアではハラールと表示し、ノンハラールと判明した
時、取引表示法で罰せられ、罰金または禁固刑を受ける。

Kuala　Lumpur　伊勢丹　　　　　　Kuala　Lumpur　の食品スーパー

フィリピン

図表Ⅳ-14　近代フィリピンの歴史

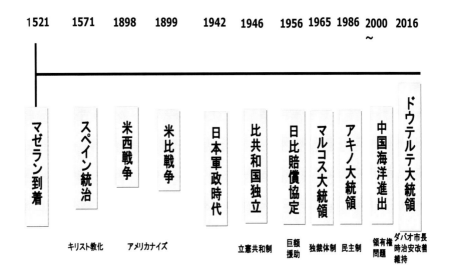

近代フィリピンの歴史

1521	1571	1898	1899	1942	1946	1956	1965	1986	2000～	2016
マゼラン到着	スペイン統治	米西戦争	米比戦争	日本軍政時代	比共和国独立	日比賠償協定	マルコス大統領	アキノ大統領	中国海洋進出	ドゥテルテ大統領
	キリスト教化	アメリカナイズ			立憲共和制	巨額援助	独裁体制	民主制	領有権問題	ダバオ市長時治安改善維持

　図表Ⅳ-14 は近代フィリピンの歴史の表である。1571 年にスペインの統治下に属し、同国のキリスト教化がすすんだ。1898 年に米国が同国の領有権獲得後、教育方式と言語は米国式が採用され、義務教育制度も導入された。その結果、現在国民の 70%以上が英語を話す世界第三位の英語人口を生んでいる。近年、コールセンター事業（ビジネス・プロセス・アウトソーシング BPO：オフィス業務外部委託サービス）等は 40 万人以上の雇用がある。オフィス業務外部委託サービスはインドを抜いて世界一になった。また、サービス業が

大きく成長し、全就業人口の約 56%が従事している（2016 年現在）。
　同国の日本軍による軍政は 1943 年に終了、第二次世界大戦後の
1946 年に「フィリピン共和国」が誕生した。日本は 1956 年から 20
年間にわたり 5 億 5,000 万＄の賠償を支払っている。この巨額援助
は日本からフィリピンへ物資が輸出される「呼び水」となった。
　「フィリピン共和国」の誕生により同国の政体は米国と同じ立憲
共和制が採用され、国家元首は大統領であり、三権分立がとられて
いる。行政府の正副大統領はそれぞれ直接投票により選出され、大
統領の任期 6 年で再選は禁止される。副大統領の任期は 6 年で閣僚
任命権者は大統領である。

図表Ⅳ-15　フィリピンの経済環境

フィリピンの経済環境

1　自由経済体制
　公正な自由競争の下に企業が発展する素地が整う。

2　政府と企業の緊密関係
　政府と企業の連携が緊密で外資を積極的に受け入れる姿勢がある。

3　投資関連法が整備。
　進出企業に対する税制面の優遇政策がアセアン随一。

4　人的資源が豊富
　英語力が高く、毎年50万人以上の人材を輩出。国際性に溢れ適応力が高い。

5　人口はアセアンで2番目に多い
　人口増加率2%で推移、2050年1億5,000万人に
　平均年齢23歳、労働力人口は4,300万人

6　労使関係安定　ストなど労働争議は激減。

7　日本人にとっての良好な生活環境　親日的で日本人は生活しやすい。

8　世界ビジネスの入り口　アセアン市場、世界進出の足がかりに

2016 年 5 月 9 日の大統領選挙で南部ミンダナオ島ダバオ市のドゥテルテ市長（当時）が当選した。同年 6 月 30 日にドゥテルテ政権が発足した。ドゥテルテ大統領は、違法薬物、犯罪、汚職対策、ミンダナオ和平を重要課題に掲げた。麻薬撲滅のための自警団組織の活用も行っている。また、連邦制導入のための憲法改正を目指している。以上がフィリピンの歴史、思考、行動文化、日本との関係からの同スタディである。

　図表IV-15 はフィリピンの経済環境を 8 つの視点から示している。まず、自由な経済体制がとられていることから、公正で自由な競争の下に企業が発展する素地が整っていることが挙げられる。次に政府と企業は緊密関係を持っていることより、政府と企業の連携で外資を積極的に受け入れる姿勢がある。さらに、投資関連法が整備されており、進出企業に対する税制面の優遇政策がアセアン随一であるといわれている。

　同国では英語力の高い人材が毎年 50 万人以上輩出され、国際性に溢れ適応力が高い人的資源が豊富である。人口はアセアンでインドネシアに次いで 2 番目に多く、人口増加率は約 2%で推移しており、2050 年には人口は 1 億 5,000 万人に達すると見込まれる。平均年齢も 23 歳と若く、労働力人口は約 4,300 万人ある。

　ストライキなど労働争議は激減し、労使関係安定している。日本人にとっての良好な生活環境が保たれ、親日的で日本人は生活しやすい。アセアン市場で日本に一番近い場所に位置し、世界ビジネスの入り口として世界進出の足がかりにできる市場の可能性がある。以上が複数の視点からのフィリピンの経済環境スタディである。

ベトナム

　図表IV-16 はベトナムの歴史を表した年表である。ベトナムは古代から中世にかけて中国王朝の支配受けてきたが、1887 年にフランス領インドシナ連邦下に入った。その後、1940 年から日本軍のインドシナ半島への進駐が始まった。

　1945 年、日本が敗戦した同年「ベトナム民主共和国」が誕生した。翌年、同国のフランスに対する独立戦争が勃発し、1954 年にフランスは敗北し、ベトナムから撤退したがベトナムは南北に分断される。同年、日本政府は南ベトナムに対して戦後補償の約 140 億4,000 万円を支払った。

図表Ⅳ-16　ベトナムの歴史

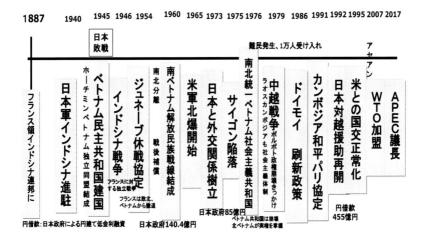

　北ベトナムには 1973 年の国交樹立のタイミングで経済協力を行う名目で 85 億円の支払いを合意した。1976 年南北は統一され「ベトナム社会主義共和国」が樹立された。
　同国は 1986 年よりドイモイ（刷新）政策をスタートさせた。この政策により 1990 年代に入ってからはベトナム経済の安定化と比較的高度成長をもたらした。農業については土地の長期的使用権が

認められ、請負生産方式の導入によって生産単位が合作社から農戸に転換し、農民の生産意欲を高めた。工業の場合、国営企業の効率化（自主権の付与、廃統合による規模拡大）が図られるとともに外資系企業など非国営企業の発展が促進された。また、ドイモイ の過程でベトナム経済は世界市場への統合を強め、特に近隣の東アジア経済との分業を進め、市場経済化が急速にすすんだ。

図表Ⅳ-17　ベトナム内需開拓の際に日系企業は直面する課題

ベトナム内需開拓の際に日系企業が直面する課題
ジェトロハノイへの相談内容より

課題	内容
制度・規制	投資法の改正等で制度・規制の透明性は高まったが外国人にはわかりにくい（投資登録証明書が必要） 法律ができても省令や政令が出ないと運用できないことがある 政府、有力者とのネットワークが大切
商習慣	取引相手からリベートやコミッションを要求される 非公式手数料を要求される場合がある
パートナー	ローカル企業の経営実態の正確な把握が困難 財務状態の健全性、期待するリソース（資源・資産）の保有、法令の遵守
マーケティング	成長性高いが、市場規模は小さい 正確な市場調査が困難（詳細で信頼できる統計データ無い）

コミッション：手数料、斡旋料

　新興メコン地域の初期の条件に大差はなかったが、インフラ、企業経営者や技術者、労働者の教育水準、為替レート、外資への対応などから大きな経済発展の差が発生している。

　1992 年に日本は 455 億円を限度にした円借款（日本政府による
円建て低金利融資）供与を始めとする経済援助を開始している。ま
た、1995 年には米国との国交が正常化した。以上、ベトナムの歴
史、経済制度、日本との関係からの同スタディである。
　図表Ⅳ-17 はベトナム内需開拓の際に日系企業は直面する課題に
ついてジェトロハノイ事務所で聞き取りした内容を整理した表であ
る。制度や規制の課題として、投資法の改正等で制度・規制の透明
性は高まったが外国人にはわかりにくい（投資登録証明書が必要）
ことや法律ができても省令や政令が出ないと運用できないことがあ
る点が挙げられている。

図表Ⅳ-18　ベトナムの消費額推移

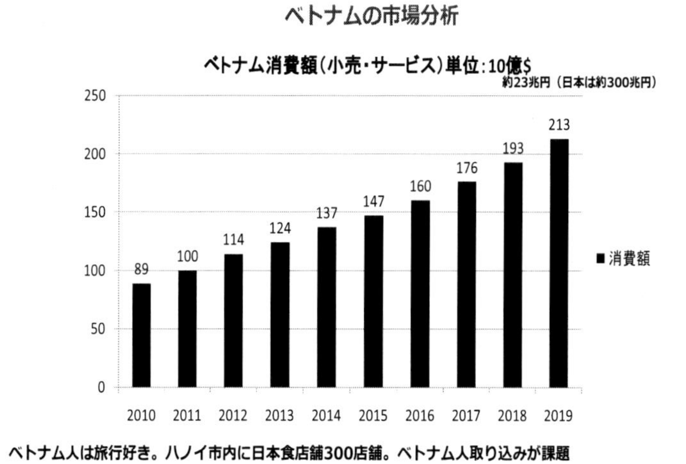

ベトナムの市場分析

ベトナム消費額（小売・サービス）単位：10億$
約23兆円（日本は約300兆円）

ベトナム人は旅行好き。ハノイ市内に日本食店舗300店舗。ベトナム人取り込みが課題

出所：ベトナム統計総局

　また、内需開拓の際には政府、有力者とのネットワークが大切と
の指摘があった。
　商慣習では取引相手からリベートやコミッション（手数料、斡旋
料）を要求される場合や非公式手数料を要求される場合がある点が

挙げられた。

　パートナー選定に際してはローカル企業の経営実態の正確な把握が困難であり、財務状態の健全性や期待するリソース（資源・資産）の保有状況、法令の遵守状況の把握が難しい点が挙げられている。

　市場性や市場把握についても成長性高いが、市場規模はいまだ小さい点、正確で詳細な信頼できる統計データが無いため市場調査が困難であることが挙げられた。

　図表Ⅳ-18 はベトナムの消費額の推移を表した表である。ベトナムの小売、サービスの消費額は 2010 年から順調に増加を続け、2019 年には 2,130 億＄に達した。日本円で約 23 兆円の規模にまで増加した。ちなみに日本の同消費額は約 300 兆円ともいわれており、日本の 8％弱にすぎない。ハノイ市内には日本食店舗が 300 店舗存在しているが、今後は現地のベトナム人顧客の取り込みが課題である。以上、ベトナムでの日系企業の課題、消費市場からの同スタディである。

図表Ⅳ-19　ベトナムの投資手続き

ベトナムでの投資手続き全体像

投資登録証明書(Investment Registration Certificate：IRC)の取得　投資法

外国人投資家が出資する場合、会社設立前に事業内容、投資金額、実施場所、期間等計画のIRC取得が必要

2019年過去最高の約4000社が認可
資本金は行政指導で一定額以上の金額を求められる場合がある

企業登録証明書(Enterprise Registration Certificate：ERC)の取得　企業法

IRCの取得後企業定款を作成し、会社の登記手続きにあたるERCの取得を行う。ERC)の発給日から90日以内に出資金を振り込む。会社印作成、会社設立公示、口座開設・通知実施　1名以上の法的代表者を居住させる必要
就労には「労働許可証」が必要。発給対象は「社長、管理者」、「専門家」、「技術者」一般スタッフ取得困難

「ビジネス・ライセンス(BL)」の取得

条件付き投資経営分野(243分野)は所定経営条件を満たす(許可証、証明書・確認書等)

操業に必要な手続きの実施

労務手続き(労働許可、就業規則等)、税務・会計手続き(VATインボイス作成、納税手続き等)、建設、消防手続き等

VATインボイス：付加価値税請求書　0、5、10%の3種類の税率

　図表Ⅳ-19 はベトナムの投資手続き全体像を示している。まず外国の企業がベトナムに投資するにはベトナム投資法に基づき、投資登録証明書（Investment　Registration　Certificate：ＩＲＣ）の取得が必要である。

　外国人の投資家が出資する場合は会社設立前に事業内容、投資金額、実施場所、期間等計画のＩＲＣ取得求められる。2019 年度は過去最高の約 4,000 社が認可された。資本金は行政指導で一定額以上の金額を求められる場合がある。

　次に企業登録証明書（Enterprise Registration Certificate：ＥＲＣ）の取得が必要である。ベトナム企業法ではＩＲＣの取得後企業定款を作成し、会社の登記手続きにあたるＥＲＣの取得を行う。

　また、ＥＲＣの発給日から 90 日以内に出資金を振り込まなければならない。会社印の作成、会社設立の公示、銀行口座開設、通知の実施が求められている。

　次の段階のビジネス・ライセンス（ＢＬ）の取得時、条件付き投資経営分野（243 分野）では許可証、証明書・確認書等の所定経営条件を満たすエビデンスが必要である。

　操業に必要な手続きの実施段階で労働許可、就業規則等の労務手続き、ＶＡＴインボイス（付加価値税請求書 0,5,10％の３種類の税率）の作成、納税手続き等の税務・会計手続き、建設、消防手続き等が必要である。以上、ベトナムでの経済制度からの同スタディである。

ミャンマー

　図表Ⅳ-20 はミャンマーの歴史を表した年表である。1886 年英国領下のインドに編入される。1943 年、日本軍の後押しで「ビルマ国」が建国した。1945 年、日本の敗戦により再び英国の統治下に入る。1948 年、「ビルマ連邦」として英国から独立したが、少数民族による反乱が続き、不安定な情勢が続いた。

　1962 年の軍事クーデターで社会主義体制に移行、憲法が停止さ

れて企業が国有化され、鎖国政策がとられる。国家体制と治安維持が政策の主眼とされ、約半世紀の間経済成長の時間が止った。社会が停滞し、テレビ、ラジオ、新聞は国営のみとなり、情報統制が行われた。さらに、軍事政権の中国への急接近もみられたが、2010年の総選挙で 2011 年には民主新政権が誕生した。2012 年に米国が同国製品の禁輸措置の解除、2013 年ＥＵも経済制裁の解除を行っている。同年、日本も火力発電所、貧困削減、経済特区開発など 500 億円規模の円借款供与を表明している。しかし、2021 年 2 月のクーデターにより再び軍事政権が復活し、混迷を招いている。以上、ミャンマーの歴史、日本との関係からの同スタディである。

図表Ⅳ-20　ミャンマーの歴史

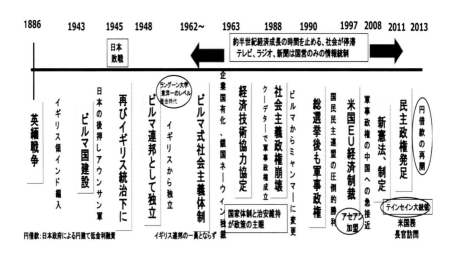

2　企業経営に関する重要制度

　法制度、税制、社会保障、労働法令、会社法、広告規制消費者保護、環境影響度、利害関係集団、担当行政、協力金等についての調査や分析とフィジビリティスタディを行う。

<東アジア>

図表Ⅳ-21　台湾ＴＡＩＴＲＡ

1970 年に台湾の対外貿易促進を目的に、台湾政府と業界団体の支援により設立され非営利公的貿易振興機構（日本のジェトロ相当）。

1972 年に東京で日本事務所設立

台湾での パートナー探し
TAITRA ビジネスマッチングの実施
毎年、台湾で年間約 30 の国際専門見本市を主催
日本企業の買付、投資、市場開拓サポート、展示会への PR 活動実施

台湾

　図表Ⅳ-22 は台湾での現地法人設立の概要整理した表である。シンガポール以外の国では多くの規制があるため、まず外資規制有無の調査が必要である。出資比率、最低資本金の検討を行ったうえで業種規制等の調査を行う。ローカルパートナーが必要な場合はその

発掘、連携や支援可能な人脈についても同時にリストアップしてお
かなければならない。商談会や展示会についての検討及び事業計画
策定に際しては為替リスクや影響を受ける可能性のある法律の改定
リスク対応策も視野に入れておく必要がある。事業計画には営業収
支、配当、利息、ロイヤルティ、管理費、業務委託費等も忘れずに
折り込んでおかなければならない。

図表Ⅳ-22　現地法人設立の概要

F／S（Feasibility Study）

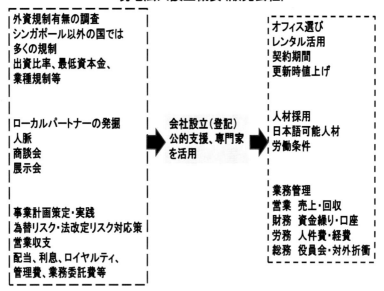

次に会社設立（登記）時は公的支援や専門家の活用を行う。合弁
会社を設立する場合は持株比率や社長の現地人必要性、役員の一部
必要性の要否、パートナーの原住民必要性の要否などの合弁規制の

確認を行う。合弁会社設立手順は合弁相手との交渉後に合弁契約締結を行い、外国人投資申請書を提出したうえで投資許可を得、会社設立登記申請を行い提出する。銀行での資本金払い込めば合弁会社の設立が完了する。

　実務段階ではオフィス選び、オフィスのレンタル活用契約、将来の期間更新時の値上げ、人材の採用、日本語が可能な人材確保、採用人材の労働条件の検討を行わなければならない。

　業務の管理面では営業体制である売上や売上金の回収方法や自社のセールスマンの管理、代理店を通す場合の契約、販売代理人、営業代行契約者といった「セールスレップ」を活用する場合の仕組み作りを行う必要もある。財務面では資金繰り責任者の配置や銀行口座の開設を行う。

　労務面では総人件費枠の設定、経営幹部社員（キーパーソン）、現地従業員採用、従業員教育（日本での実施含む）、日本的雇用慣行による自社へのロイヤルティ醸成や日本人駐在員の選定も行わなければならない。総務面では役員会の開催の具体策や対外折衝の具体策について準備しておく。また、生産や製造を伴う場合は品質管理の対象、労働者の質、自社技術移転の内容方法、日本的管理（チームワーク醸成）や品質維持についても併せて準備しておかなければならない。以上、台湾の会社法、関係集団と日本との関係からの同スタディである。

<アジア主要国>

図表IV-23　アセアン主要国進出日系企業が抱える課題

ASEAN主要国進出日系企業が抱える課題

課題	マレーシア	ベトナム	インドネシア	フィリピン	タイ
1	人件費高騰	法未整備不透明運用	人件費高騰	インフラ未整備	人件費高騰
2	労働力不足人材採用難	人件費高騰	インフラ未整備	税制・税務手続き煩雑	労働力不足人材採用難
3	行政手続き煩雑さ	行政手続き煩雑さ	法未整備不透明運用	行政手続き煩雑さ	不安定な政治・社会
4	現地政府不透明政策運営	税制・税務手続き煩雑	現地政府不透明政策運営	法未整備不透明運用	現地政府不透明政策運営
5	不安定な為替	現地政府不透明政策運営	行政手続き煩雑さ	不安定な政治・社会	行政手続き煩雑さ

日本貿易振興機構(JETRO)2014

　図表IV-23 はジェトロによるアセアン主要国マレーシア、ベトナム、インドネシア、フィリピン、タイでの進出日系企業が抱える課題をアンケート結果から整理した表である。

　各国共通した課題は「人件費の高騰」、「行政手続きの煩雑さ」、「現地政府の不透明な政策運営」、「法の未整備、不透明な運用」、「税制・税務手続きの煩雑さ」が挙げられている。

対象国で固有な課題としてマレーシアでは「労働力不足や人材採用

難」、「不安定な為替」が挙げられ、インドネシアとフィリピンでは「インフラ整備」が挙げられ、フィリピンとタイで「不安定な政治・社会」が挙げられている。以上がアンケート調査からの担当行政や企業経営に関する重要制度からの同スタディである。

フィリピン

図表Ⅳ-24 フィリピンでの会社設立

ビジネス開始手順（フィリピン）

フィリピンでのパートナー探し
↓
合弁相手との交渉
合弁契約締結
SECでの社名予約　　「社名予約書」発行

↓

定款作成　事業目的と付帯事業目的明確化
原則一社一事業目的　発起人5人以上、内3名はフィリピン在住者
資本金払い込み　「送金証明書」、「預金証明書」を銀行から取得
　　　　　　　　財務役宣誓書の公証を受けるSECへの登録申請
「事業開始申請書」、「社名予約書」、「定款」「送金証明書、預金証明書」、「財務役宣誓書」登録手数料(資本金の2.202%)受理後納税者番号発行
↓
本店所在地の地区への届出
地方自治体からの営業許可証取得
法人住民税等の納税手続き　税務署への事業登録　登録料納付
↓
請求書・領収書の印刷許可　印刷許可の税務署発行
↓
中央銀行への登録
従業員採用時、社会保険庁、住宅積立基金、健康保険の雇用者登録
　　　　　　　　　　　　　　　　　SEC：証券取引委員会

　図表Ⅳ-24　フィリピンでの会社設立手順を表した表である。単独でのビジネスではなく現地パートナーと連携したビジネスを開始するときの手順である。
　まず、フィリピンでのパートナー探しから始めなければならない。

パートナーが見つかれば合弁相手との交渉を行い、合弁契約の締結を実施する。その時にはSEC（証券取引委員会）での社名予約を行い、「社名予約書」の発行を受ける。

　続いて事業目的と付帯事業目的明確化した定款作成を行う。この定款は原則一社一事業目的とされ、発起人は5人以上、内3名はフィリピン在住者であることが求められる。

　資本金の払い込みを行い、「送金証明書」、「預金証明書」を銀行から取得する。財務役宣誓書の公証を受け、SECへの登録を申請する。

　「事業開始申請書」、「社名予約書」、「定款」、「送金証明書、預金証明書」、「財務役宣誓書」の受理手続きを行い、登録手数料（資本金の2.202%）を支払い、納税者番号発行を受ける。

　本店所在地の地区への届出を行い、地方自治体からの営業許可証取得後、法人住民税等の納税手続き、税務署への事業登録、登録料の納付を行う。

　併せて、請求書・領収書の印刷許可、印刷許可の税務署発行を受けた後、中央銀行への登録を実施する。また、従業員採用時には社会保険庁、住宅積立基金、健康保険の雇用者登録を実施する。以上がフィリピンにおける会社法、担当行政、利害関係者からの会社設立に関する同スタディである。

ベトナム
　図表Ⅳ-25 はベトナムでの販売拠点設立の図を示している。輸入卸売は経営ライセンスが原則不要になったが、小売業は2店舗目以降、エコノミックニーズテスト（出店審査）の対象となっている。

　ベトナムでの駐在事務所は同国の商工省への登録で活動は可能であるが、活動の範囲は限定的である。各種の連絡、市場調査や投資機会の促進に限定されている。また、設立は容易だが閉鎖には時間かかる。

　同国で小売経営ライセンスが必要な商品はコメ、砂糖、録画製品、

図書、新聞、雑誌であり、卸売経営のライセンスが必要な商品は石油や石油関連商品である。以上がベトナムでの担当行政、利害関係者からの販売拠点設立に関する同スタディである。

図表Ⅳ-25　ベトナムでの販売拠点設立

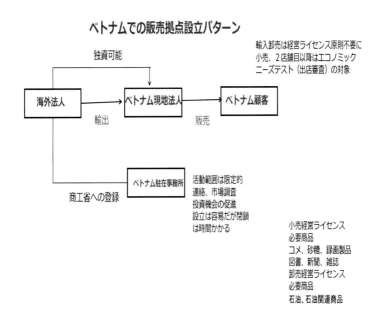

ベトナムでの販売拠点設立パターン

独資可能

輸入卸売は経営ライセンス原則不要に
小売、2店舗目以降はエコノミック
ニーズテスト（出店審査）の対象

海外法人 → ベトナム現地法人 → ベトナム顧客

輸出　　　　　　　販売

商工省への登録　　ベトナム駐在事務所

活動範囲は限定的
連絡、市場調査
投資機会の促進
設立は容易だが閉鎖
は時間かかる

小売経営ライセンス
必要商品
コメ、砂糖、録画製品
図書、新聞、雑誌
卸売経営ライセンス
必要商品
石油、石油関連商品

ミャンマー

　ミャンマーでは特別法に基づき所管官庁の許認可を要する分野が以下のように規定されている。

1) ホテル業会社または個人が事業を始める前にホテル観光省に事前承認を求め、その承認を得てホテル観光局に事業許可（ライセンス）を申請する。ライセンスは2年間有効、かつ申請により延長は可能である。

2) 観光業旅行企画・運営業、旅行代理店、旅行運送業、ツアーガイ

ドを行おうとする会社または個人は、ホテル観光省からライセンスを取得しなければならない。ライセンスは 2 年間有効、かつ申請により延長は可能である。

3)金融業には商業銀行、投資または開発銀行、ファイナンス会社、信用組合等が含まれる。国営、民間共同事業、民間の如何を問わず、金融業を興そうとする者は、ミャンマー中央銀行の事前許可を取得しなければならない。外国の金融業者（銀行を含む）が駐在員事務所を開設する場合も中央銀行の事前承認が必要である。証券事業を興そうとする者は、ミャンマー証券取引委員会の事前許可を取得しなければならない。

　なお、2016 年 1 月、ミャンマー政府は日本のメガバンク 3 行を含む外銀 9 行に対し銀行ライセンスを発給し、支店としての営業が認められた。また、2016 年 4 月には 4 行、9 月には 1 行が許可された。

＜外国企業の土地所有の可否について＞

1)外国人（法人も含む）の土地所有は不可である。代わりに、土地使用権の賃借により不動産を確保する。土地はミャンマー政府、または民間から借り受けられる。外国企業の場合、土地・建物の賃借期間は原則として 1 年を超えることは認められない。投資法に基づく MIC 許可または是認（Endorsement）および土地権利認可を取得した外国企業の場合は最大 70 年間、経済特区法に基づく投資許可の取得企業の場合は最大 75 年間、土地貸借権を得られる。

＜外国企業の雇用義務＞

　ミャンマー人雇用会社設立後 2 年間に全体の最低 25％に、次の二年間に最低 50％に、さらに次の二年間に最低 75％にすることを義務づける。

　図表IV-26 はミャンマーでの有望ビジネスを示した図表である。鉱物資源関係は海外の投機筋が注目しており、石油、天然ガス、金、銀、銅、レアメタル、ヒスイ、ルビー、サファイア等が対象である。

　農業では人力と牛のみでの「シャン米」価格は日本の 5 分の 1 程度である。プランテーション型農園（大規模工場生産方式を取り入

れ、単一作物を大量栽培）や水資源、広大で肥沃な大地、若く豊富な労働力は魅力的でゴマ、蕎麦、フルーツの栽培が盛んである。

　ホテル・観光業ではヤンゴン国際空港の外国人入国者が 1 日約 2 千人あるにも関わらず、ホテル部屋の絶対数が不足している状態であり、特に中級以上のホテルは極めて少ない

図表Ⅳ-26　ミャンマーでの有望ビジネス

ミャンマーの有望ビジネス

有望ビジネス	内容	動向	
鉱物資源関係	石油、天然ガス、金、銀、銅、レアメタル、ヒスイ、ルビー、サファイア	海外投機筋が注目	
農業	水資源、広大で肥沃な大地、若く豊富な労働力ゴマ、蕎麦、フルーツ	人力と牛のみ「シャン米」価格日本の5分の1プランテーション型農園	
ホテル・観光業	ホテル部屋数不足中級以上のホテル少ない	ヤンゴン国際空港外国人入国者1日2千人	
通信・IT関係	SIMカード価格2013年〜7千円(2008年16万円)	携帯電話普及率約10%情報インフラ貧弱	
株式投資	2015年ヤンゴン証券取引所開設、2018年現在5社不動産、銀行、情報通信関係が上場	運営は日本取引所グループ、大和総研、国営ミャンマー経済銀行の合弁会社	日本官民支援

プランテーション型農園：大規模工場生産方式を取り入れ、単一作物を大量栽培
SIMカード：加入者を特定するためのID番号が記録されたカード

　通信・ＩＴ関係では携帯電話普及率約 10％の状況で情報インフラ貧弱である。SIM カード価格 2008 年まで 16 万円で販売されていたものが、2013 年以降 7 千円に値下げされている。

　株式投資では 2015 年にヤンゴン証券取引所が開設された。2018

年現在では不動産、銀行、情報通信関係の５社しか上場されていない。上場運営は日本取引所グループ、大和総研、国営ミャンマー経済銀行の合弁会社が行っている。日本は官民あげて支援を行う。以上がミャンマーにおいての法制度、労働法令、会社法、利害関係集団、担当行政、日本との関係からの同スタディである。

3　インフラ、港湾、空港、物流コスト

図表Ⅳ-27　ティラワ経済特区　の造成地
ヤンゴン橋２０２１年に完成
２０１６年ヤダラガス田パイプライン
２０１８年電力供給システム完成

ティラワ経済特区
ヤンゴンから最長2時間必要　新しい橋2021年に完成させ、時間短縮
2016年ヤダラガス田からパイプラインで導入
2018年電力供給システム完成（いずれもODAで実施した）
ミャンマーティラワ開発公社内に日本の11の省庁から役人が派遣されワンストップ
サービスが可能に

ティラワ経済特区内の造成地

ODA：Official Development Assistance（政府開発援助））

　対象国の日々の生活を支える公共施設、ガス、水道、道路、線路、電話、電気などのインフラストラクチャー（Infrastructures）について調査や分析とスタディを行う。このインフラストラクチャーは国や地方経済の成長の基盤であり、国民の生活の質を向上させることを可能にする。国内企業や海外企業の投資の決定要因である。対象国の港湾や空港の輸送量や形態、特徴などの把握も行わなけれ

ばならない。物流における輸送料、保管料、荷役、流通加工、包装・梱包、情報管理などのコストも把握しておく必要がある。

4　治安

犯罪率について世界的なデータベース「Nunbeo　Safety　Index」が毎年公表しており、把握しておかなければならない。犯罪が頻発し、警察などの治安を管理するシステムが機能していないと事業活動にマイナスの影響を与える可能性は大きい。

5　労務環境

事業活動の地域別コスト比較で各国の労賃について分析を行う必要がある。労務環境はさらに対象国における雇用者制度についての仕組みや規制内容について理解をしておかなければならない。

対象国の労働法における雇用契約の解釈と運営の異なり、解雇や人員削減に対する規制、外国人労働者の雇用規制、従業員の定着率なども把握しておく。

特に企業側の支払いが発生する賃金の支払い方法や賃金控除についての取り決めや賞与の支払いについての取り決め、退職金の支払いについての取り決めなどは事前に当該国の法律に基づき、事業活動に際して定めておかなければならない。

6　マーケット

フィジビリティ調査においては販売先候補、仕入先候補、価格やターゲットの設定は広目に捉えておく必要がある。同時に現地での日常の生活シーン把握するためにタウンウッチングなども積極的に行わなければならない。さらにアンケート調査やグループインタビュー、デプス調査により取り扱う製品の問題点を認識しておく。

当該製品の購入決定要因、同製品の情報収集容易性や標的とする市場の占有率状況、市場の特性、浸透度合い、ポジショニングやチャネル、販売場所なども把握しておく必要がある。

同時にホームページ、イベント、フリーペーパー、ネット掲示板、ブログなどよく用いられている販促媒体を把握しておく。

平均的なマージン率、開設費・販促費等、リベート、報奨金など必要とされる他のコスト要因についても知っておかなければならない。

対象地域における日本製品への品質の高さや丁寧さ、お洒落感、健康イメージ、安全性など評価内容についても確認しておく。さらに、当該製品関連の展示会開催状況等についても把握しておく必要がある。

7　同業他社動向

同業他社の対象地域でのヒット商品やロングセラー商品を把握しておく必要がある。ヒットやロングセラーの要因が機能、色、形、ネーミング、サイズなど、どこにあるのかを知っておく。

同業他社の製品広告方法、価格設定、交渉時の態度（声の大きさ等）、製品の潜在需要、製品の評価、パッケージデザイン、競合製品のセールや市場での割引状況も確認しておく。

また自社取引先弁護士や調査会社活用した同業他社の現状ビジネス精査も必要になってくる可能性もある。その場合、同業他社における事業計画の根拠、新規取引先などの具体的戦略、資本金、借入状況、主たる株主、経営者の経歴、経営の範囲、主要業務占有率、従業員数、市場の評価、売上、利益、損益などの経営状況、固定資産等などの会社資産状況などである。

8　教育環境
＜東アジア＞

中国

就学前教育が 3 歳〜6 歳の幼児を対象に行われ、義務教育は 6〜15 歳の 9 年間である。小学校は 6 年制であり、前期中等教育卒業者が後期中等教育機関にすすむ。高等教育には 4 年の本科と大学院

レベルが存在する。

韓国

　就学前教育が 3 歳〜5 歳の幼児を対象に行われ、義務教育は 6〜15 歳の 9 年間である。小学校は 6 年制であり、中等教育は 3 年間、中学校で行われる。高等教育は 4 年制大学と 2〜3 年制の専門大学で行われる。

台湾

　就学前教育が 2 歳〜5 歳の幼児を対象に行われ、義務教育は 6〜15 歳の 9 年間である。小学校は 6 年制であり、中等教育は前期と後期に分かれる。国民中学卒業者が高級中学校にすすむ。高等教育には 4 年の学士課程と大学院レベルが存在する。

＜アジア主要国＞

　アセアン各国では経済発展に伴い、初等教育の就学率は上昇しているが、義務教育制度には国よる異なりもみられる。初等教育ではほぼ 9 割が就学しており、若年層の識字率も 90％を超えているといわれている。中等教育（中学校等）以上においては一人当たりのＧＤＰと就学率には相関があるとされ、高等教育（大学、専門学校等）就学率は経済発展を続けていくための大きな要因である。以下アジア主要国の学校教育制度を紹介する。

インドネシア

　インドネシアの学校教育制度は一般学校と宗教の時間を多く取り入れたイスラム学校の 2 つの体系から構成されている。

　就学前教育が 4 歳〜5 歳の幼児を対象に行われ、義務教育は 7〜16 歳の 9 年間である。小学校は 6 年制であり、中等教育は前期中等教育卒業者が後期中等教育機関にすすむ。高等教育は 4 年制大学と大学院レベルが存在する。

タイ

　就学前教育が 3 歳〜5 歳の幼児を対象に行われ、義務教育は 6〜15 歳の 9 年間である。小学校は 6 年制であり、中等教育は前期中等教育卒業者が後期中等教育機関にすすむ。高等教育は 4 年制大学と大学院レベルが存在する。

フィリピン

　就学前教育が 3 歳〜5 歳の幼児を対象に行われ、義務教育は 5〜18 歳の 13 年間である。小学校は 6 年制であり、中等教育は 4 年の前期中等教育卒業者が 2 年の後期中等教育機関にすすむ。高等教育は 4 年制大学と大学院レベルが存在する。

マレーシア

　就学前教育が 3 歳〜5 歳の幼児を対象に行われ、義務教育は 6〜15 歳の 9 年間である。初等学校は 5 年制であり、中等教育は前期と後期に分かれる。下級中等学校卒業者が上級中等学校にすすむ。高等教育には 4 年の学士課程と大学院レベルが存在する。

ベトナム

　就学前教育が 4 歳〜5 歳の幼児を対象に行われ、義務教育は 5〜10 歳の 5 年間である。初等学校は 5 年制であり、中等教育は前期と後期に分かれる。前期中等学校卒業者が後期中等学校にすすむ。高等教育にはジュニアカレッジ、4 年の学士課程と大学院レベルが存在する。

ミャンマー

　就学前教育が 3 歳〜5 歳の幼児を対象に行われ、義務教育は 6〜12 歳の 6 年間である。国民学校は 6 年制であり、中等教育は前期と後期に分かれる。前期中等学校卒業者が後期中等学校にすすむ。高等教育には短期大学、4 年の学士課程と大学院レベルが存在する。

図表Ⅳ-28　ミャンマーの寺院での教育
僧侶は大変尊敬されている　お寺で読み書きも教える
小学校5年位まで、識字率約90％

　図表Ⅳ-29 はミャンマーの技能実習生教育後の日本での受入手続きと必要書類を示した図表である。

　面接実施日の 1 か月〜2 週間前には採用要件のヒアリング及び応募者選定が開始され、デマンドレター（雇用条件書）と実習生選定要望書や現場と寮の写真が準備される。この時期には実習生候補者は各自日本語の学習をすすめておくことが必要である。

　面接実施日の前々日の事前説明会では実習生選定要望書を準備しておく。面接当日には　雇用契約書、雇用条件書、重要事項説明書が必要である。

　面接実施日の 2 日後の合格発表後の説明会では雇用契約書、雇用条件書、重要事項説明書、健康診断書などの家族への説明会及び保護者面談が実施される。

　ミャンマー出国前にはＣＯＥ（在留資格認定証明書）の申請が開始され、日本語入国前教育が行われる。在留資格認定証が交付後には健康診断、ＶＩＳＡの申請、スマートカード（ミャンマー出国許可）の申請が行われる。

図表Ⅳ-29　ミャンマーの技能実習生教育

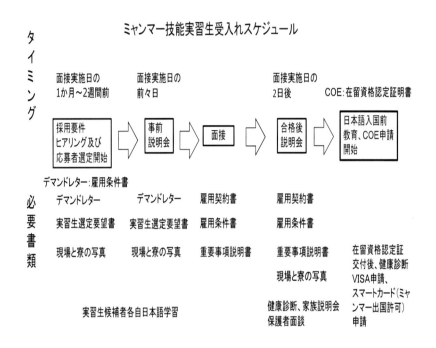

ミャンマー技能実習受入れスケジュール

9　日本の政府機関

　対象国における日本の政府機関の情報や活動内容、サポート内容について確認しておく必要がある。

　日本の大使館は対象国の首都または主要国に置かれ、ビザの発給やパスポートの発行、更新、滞在先での日本国民の保護といった援助、広報や文化交流活動、情報収集活動などを行っている。

　日本の領事館は対象国の政治問題には対処しないが同国に居住する日本人の保護や通商の促進などを目的とした業務を行っている。

　ジェトロはアジア地域に 27 の事務所を持ち、対日投資の促進や農林水産物、食品輸出、中堅・中小企業等の海外展開の支援を行う。なお、正式な国交のない台湾では公益財団法人日台交流協会がその

役割を担っている。

10　日系進出企業の組織

　対象国における日系進出企業の情報や活動内容、サポート内容について確認しておく必要がある。

日本人会

　日本人会とは対象国に長期滞在する日本人の交流会のことである。会の目的は概ね親睦や交流、情報交換及び共通の利益擁護などである。活動内容や範囲は様々であるため留意しておく必要がある。

日本商工会議所等

　在外の日本商工会議所はアジア地域に 30 カ所存在している。会員企業の相互交流を図り、企業の円滑な活動のための各種の情報提供、経営活動の課題などに対して関係機関との連携によるサポートを行っている。

第Ⅴ章　ビジネスの類型

1　小売りを想定

　海外進出の類型化においてはジャパンブランドという付加価値の
ついた商材を売るという小売り業態に限った分類にしている。

　2000 年代、平成不況に入り中小企業の海外進出ブームがあった。
その時代には、まだ、「物を売りに行く」のか「製造のアウトソー
シングとして海外を活用する」のかが曖昧で実質的には後者がほと
んどだった。

　進出先は中国が多く、そのブームは 2010 年に尖閣諸島中国漁船
衝突事件が起こるまで続いた。この日中関係の問題は横において、
その進出動機に矛盾が表れたのはちょうどそのころ中国も経済成長
期に入り人件費も目に見えて上昇した。

　そこで、CHINA プラス 1 という言葉が使われるようになり中国よ
り人件費低い対象国を探そうという動きが出た。

　ここで、結局、動機が人件費コスト低減目的ならばどこを進出の
対象国にしても経済成長の過程で、同じ課題が起こり悪いスパイラ
ルに入るということに気が付くだろう。

　ここで、途上国の富裕層を相手に物を売るビジネスにした場合は
時間の経過とともに逆の現象が表れる。

　次の図のようにその商品を購入できる世帯層は経済成長とともに
重層的に増えていく。

　（製造業の海外進出には多くの事例があり、そのノウハウはすで
にあるとの配慮もある）。

図表Ⅴ-1　経済成長期の所得変化が小売業に与える影響

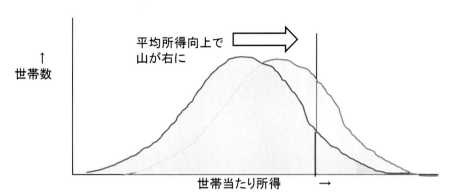

（1）海外での5類型

海外への販売の類型は
・インバウンド型
・ネット販売型（越境 EC）
・貿易型
・テナント入店型
・現地販売拠点確保型
の5パターンとする。

　海外ビジネスでは、越境のためのコストがかかる。
　貿易型、現地拠点型は、「最終の売価対商品原価率」を 20％程度
に抑えたいところである。粗利の方が80％ということになる。
　利益の取れるジャパンブランドを売るのが目的なので、これはビ
ジネスの本質では合致している。
　この5類型では、越境する分、国内販売に比較して、余分なコス
トがつくことを実感して欲しい。
　インバウンド型、ネット販売型は利益構造が楽な分、広告費用の
先出しが必要となる。

５類型以外では、

・委託販売への変化がある。

　これは日本国内でもある方式で売り場を確保している業者に商品を置かせてもらい、売り上げに応じて一定比率の金額を貰う方式である。

　その取引の相手方は日系人以外になるケースも当然ある。中国では、委託販売してくれる店舗を加盟商（ガーミンシャン）という。（買取の場合もある）。

　この契約が商品の買い取り方式になるならば、取引形態の実質は商品の製造の方法が現地調達でない限り、貿易型と同じになる。

　海外でビジネスを開始する場合、現地に口座を持たないといけないかどうかがひとつのラインとなるがこの委託販売の方式の場合は必須となる。

・FC への発展形がある。

　海外での FC システムについては第Ⅱ　国際ビジネス活動への参入　2（64 P）で述べた。ここでは、貿易型・拠点確保型・テナント入居型の発展形と考える。このタイプの場合、まずは自社によるレギュラー店舗としての実績を示してからＦＣ展開に入るというのは海外でも同じである（最初からＦＣシステムで勝負するというのは理に適っていないということ）。

　海外でのＦＣ展開の場合、ほとんどのケースで加盟店オーナーが現地人となることが予想される。

＊商品・サービスの現地でのマイナーチェンジ

＊マニュアル・管理ツールの現地言語化が必要となる。

　一気に広げる前に０次募集にて現地で最も信頼のおけるパートナーで試行して貰うのがリスクを下げる方法がある。

(2) 5類型のリスクトリターン

　一般的にリスクトリターンは裏返しであり、大きなリターンはリスクを取りにいかないと得られない。この場合、右に行くほど海外の販売対象国に近づくわけであるが、事業としてはリスクを感じて腰が引ける。

　今話題の「越境EC」はどちらかというと左の方の低リスク型となる。では、左の上のインバウンド型がリスクがなかったかというと受動的である分、ウィルス禍で、急に売り上げが消えてしまったというようなことも起こった。

シンプルな理屈として
右に行くほど同業間の競争者は減っていく。
対象国が想定されているなら右に行くほど消費者に近づくことが出
　来る。
ということが言える。

図表Ⅴ-2　海外ビジネス小売りの5類型

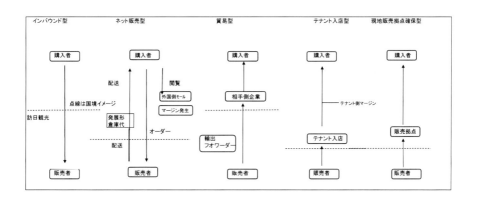

2 5類型

(1)インバウンド型

図表Ⅴ-3　インバウンド型

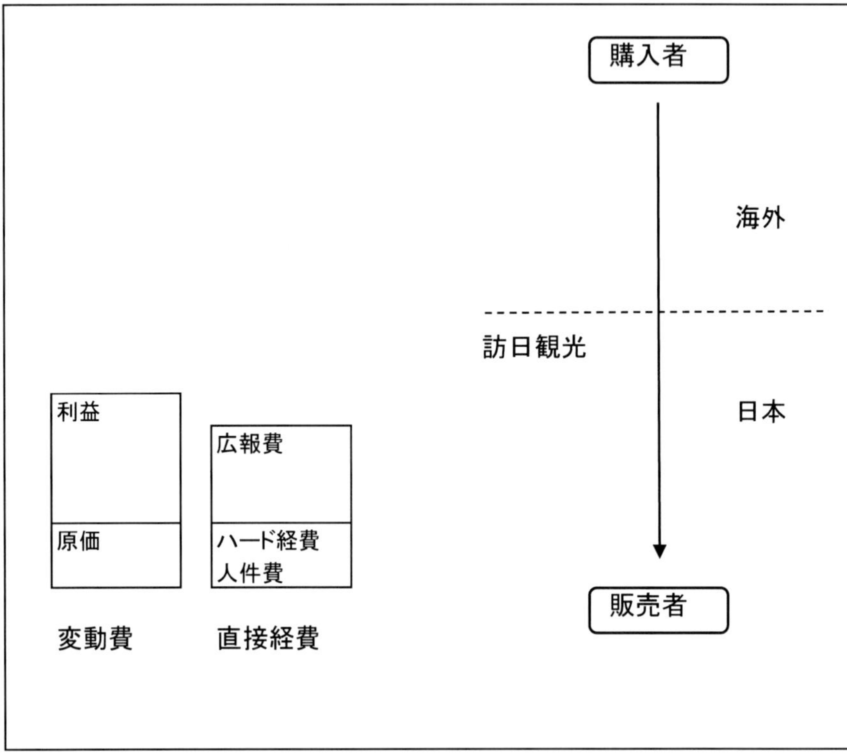

・収益構造

　インバウンド型とは日本に来て買ってもらう手法である。

　例えば秋葉原など、すでにブランド力のあるところはいいと思います。しかし、ブランド力のないところは、行政も巻き込んでアピール策を考えねばならないだろう。

　このパターンの場合、中国進出の諸費用がかからないので、利益幅は大きくなる。

　また、来てもらい買い物してもらうという受身の分、投資リスク

はない。

　そうなると、今後、競争が激しくなることが当然予想され、ハード整備費、広報費など固定経費を先出しし、早く環境整備して、早く外国人に呼びかけたゾーン、あるいは業界の勝ちになる可能性がある。

　最近表れている明らかな傾向として

・観光消費はモノからコトへ、日本での体験へのニーズへシフトしている。

・宿泊費を節約してもその体験消費に回す。（今後近畿宿泊では、広島原爆ドーム体験が多くなるのではないか？と思われる）

・インバウンド業者の宣伝よりも外国人同士のＳＮＳでの情報で動く傾向がある。

・注意点

　ここでは、戦略性をもってマーケティングを展開すべきということを述べる。

　コロナ期に最も困ったのは、インバウンド客の最盛期に、受動的に客を受け入れていた事業者だった。

　これがもし、戦略性をもって集めた客ならば離れがたくリピートする可能性も高い。

　また、新たな顧客開発にも従来の戦略があることになる。

　この戦略性の事例については先進事例３において、株式会社拓宅を経営している中国人経営者　楊社長の事例が参考になる。

　京都での宿泊業であえて、富裕層に顧客を絞っている。

(2) ネット販売型（越境 EC）

図表 V-4　ネット販売型（越境 EC）

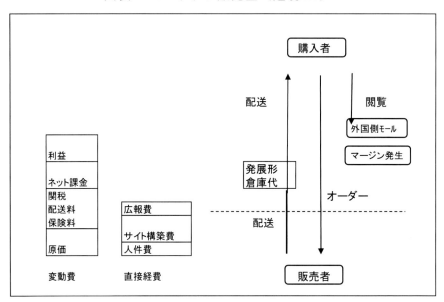

・収益構造

　ネット関連の経費には、ホームページ等の作成費・整備費、ネットモール参加費（これは無料のところもある）、商品が売れた場合の課金等がある。

　輸送関係の経費は通常、購入者負担となる。

　訪日観光客誘致型と同じく、このタイプも是非心がけていただきたいのは、広報費、ブランド形成のため経費などの先出しである。この類型も、競合が激しくなることが予想され、早く環境整備して、外国人に知ってもらうことが大切である。

　また、経常的にスピーディな配送を行うためには、現地に事務所

程度の拠点、配送用のストックヤードの倉庫を持つ方がスムーズに
いく。

　ネット販売型では、どちらの国におかれているホストを使うかに
よって適応が違いその国に置けば、対象国での法適合が必要になる。
　中国の場合、中国内でのホストでは ICP 規格に適合せねばならず、
自社作成のオウンドサイトでも同じである。

・注意点
　ここで、販売類型による根本的か性質の違いを再度整理する。
　貿易型とネット販売型は商品受け渡しと代金回収のポイントがず
れると解説した。
　この貿易型とネット販売型にも明らかに相違点がある。
　ネット販売型では、一般的にビジネスを始めた瞬間から購入対象
の国境の垣根はなくなり全世界が対象になる。
　ここで、是非、気にしていただきたいことがある。
　それは我が国の販売にかかる法律だけでなく、対象国となりそう
な国の流通に関する法律に配慮して欲しいということである。

大きくは２つ
・モラルに関する法律
・衛生管理に関する法律
　ここで、購入対象国で疑義が生じた場合には購入者の方が罰せら
れる危険性がある。
　あるいは、配送時点で止められるということに加えて国から国へ、
販売の禁止を要請される場合もあるだろう。
　これは、販売側の常識的マナーにも関することであり、その国の
モラルが疑われることにもなりかねない。
　ここで、深く理解して貰うために事例を変える。

日本に技能実習制度で来たＭ国の18歳の女性がいたとする。

　貴方が日本人男性だったとして、日本の法律が 18 歳から結婚できるのだからという理屈でプロポーズして良いものだろうか？

　その時、その国（この場合Ｍ国）の法律はどうなのだろうか？と配慮すべきなのである。（出来れば付き合う前に）

　この問いの法律的解釈を述べておく

　技能実習生を誘致するような国ならば我が国と２国間協定を結んでいる。

　そこにこのような事件が起こった場合には、どの国のどの法律によるのかという、準拠法があるはずである。

　まずは、その準拠法を見に行くということになる。

　この煩雑さは、２国間の法律が関係するからである。

　ネット販売においては、２国間協定があるかというボーダーも突破してひとり歩きしてしまうので、より注意が必要であるということである。

　このようなハードルがある場合にはどのように戦略的に対応していったらよいかというと「最大公約数の戦略」となる。

　これは、販売対象国の法律を調べてその最大公約数のラインを狙うというやり方で、最も優れているのは北欧家具販売の雄、IKEYAと言われており、商品設計段階が勝負ということになる。

　しかし、ここで、困った問題がある。それは、ネット販売の世界では、ロングテールの尻尾の方のマニアックな商品の方が売れるという傾向があることである。

　これが、最大公約数を狙うということと相反する。

　ここでは、一般常識、マナー、モラルは守るべきであるということで結んでおく。

(3) 貿易型

図表Ⅴ-5　貿易型

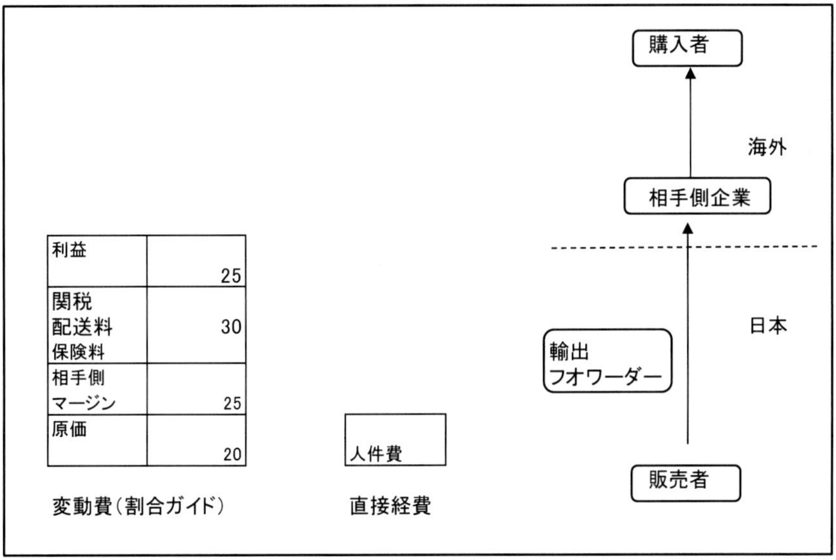

・収益構造

　この類型は、輸入してくれる貿易相手を探さねばならない。その際の価格構造の基本割合を説明する。

最終販売価格 100 とする。

商品原価 20（人件費はここには入れず固定経費の方で見る）。

輸入会社側の取り分 25

日本企業側の取り分 25

その他、配送費や関税や保険など海外輸出の諸経費 30

　海外のブランドバッグの日本での販売価格をイメージすれば分かるように、ブランド品やメイド・イン・ジャパンの高品質イメージのある商品なら可能な粗利である。

　ただし、買ってくれるバイヤー探しと値の交渉が必要となる。

　バイヤーは 20%程度の値下げを要求してくるので、その分を最初

から乗せておくのがポイントになる。

　このような、最終売価からの比率換算方式は、慣れておられない方には奇異に感じられるかもしれない。しかし、ユーザー（消費者）に売れるかどうかが生命線であり、それをバイヤーとともに考えることが重要なので、このようなガイドラインとした。

・注意点

　ここで類型ごとの本質的特徴を整理すると、販売する商品は同じであっても

・インバウンド販売型

・海外拠点販売型

と

・貿易型

・ネット販売型

の２タイプで明らかに違うことがある。

　それは、後者は商品の受け渡し場所（主に郵送）と代金回収場所・時間がずれるということである。

　そこで、先払いにしてしまえば、この問題は解決が付く。

　後払いとなると、相手側が支払うかという与信の問題になる。ネット販売については、単品価格となるので先払いが多くなるだろう。

　海外貿易は、金融機関という第３者が絡んだ、信用取引となり、信用状や為替手形というものが登場する。

　貿易型も先決済にしてしまえば、与信は発生しない。

　しかし、貿易型で、輸出先として、バイヤーを育成するという考えに立つならば、相手の与信に一定の協力をしてあげるという考え方もあり、そちらの方が国際標準となる。（これは、どのようなケースでも与信に付き合って取引するということではない）。

　具体的に説明すると、輸出側と輸入側では、貿易におけるランニング資金において、輸出側の方が、ものを作る、ものを仕入れるとそのビジネスの実態を示しやすい。

　それに対して、輸入側の方は輸入するという情報以外にない場合にはその資金使途の実態を示しにくいということになる。

　そこで、この貿易型では、資金回収スキームで、相手国の金融機関が「信用状」「為替手形」「船荷証券」という形で登場する。

　これらは、銀行が信用して発行するかという与信が絡んでくる。

　しかし、普通、初めにお試しのロットでする「パイロット貿易」の時は事故は起こらず、取引量を上げた時に回収が突然できなくなるというケースが多い。

　金融機関はこの業務は金融網での情報を提供するという社会的使命で行っている傾向がある。

　信用状と為替手形(船荷証券)のスキームを説明する。

・信用状
　信用状とは、L/C(Letter of Credit)とも言われ、輸入者がきちんと代金が払えるかの評価(与信評価)をするものである。
　リスクをかぶるのは輸入者側の銀行なので、輸入者は金融機関に対して、銀行取引約定書などの融資の基本契約を結ぶ。
　ただし、信用状の内容のチェック義務は輸出者にある。
　以下がチェックポイント
　①輸出の内容が一致しているか?
　②取り消し不能信用状か?
　③決済条件は契約どおりか?

図表Ⅴ-6 信用状（L/C）の流れ

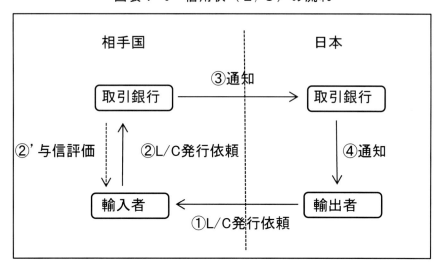

・為替手形と船荷証券

　船荷証券（荷為替手形と船積書類のこと）の手配は輸出者側になる。

　金融機関のスキームは同じ。それに加えて、船荷証券を発行してもらう輸送業者が登場する。

　船荷証券には、運送の証拠・貨物の受取証・貨物を引き渡すための権利証券という意味合いがある。

　船積書類と荷為替手形だけの場合（信用状なし）は、銀行が引き受けてくれるかどうか分からない。

　そこで、通常、輸出者は輸出手形保険をかけることになる。

図表Ⅴ-7　為替手形・船荷証券の流れ

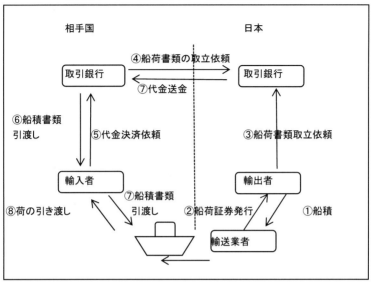

(4) テナント入店型

図表Ⅴ-8　テナント入店型

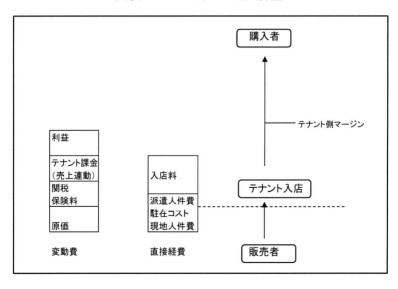

・収益構造

　集合タイプのテナントへの入店、主に百貨店タイプを想定している。

　百貨店のブランドと、お店のジャパンブランドの二重ブランドを狙う戦略であるので、日本の商品の光る百貨店への進出になる。

　テナントに入る場合には、運営者の取り分が賦課金としてかかってくる。百貨店の取り分はテナント料（月売上げの数%）と、日本での契約とほぼ同じとなる。

　テナントに入店するのに初期にかかるコストは、入店料である。

　派遣人件費、駐在コスト、現地人件費がかかるのは、拠点確保型と同じである。

　また、ここからは現地で「小売ライセンス」が必須となる。

　小売りライセンスについては、先に投資して外形標準が出来ないと下りない国がほとんどである。（日本も同じである）。

・注意点

　ここでテナント型とはあるゾーン内での出店と言い換えてもよい。
＊スーパー
＊百貨店
＊フードコート
など様々なパターンがある。

　ここでは、自店の集客力の要素とそのゾーンの集客力の要素がある。ともに事前調査すべきとなる。

　また、そのゾーン内でのロケーションが、売り上げに影響するのでゾーン内での人の流れを見るべきである。

　一般的な拠点確保型の小売業と比較してもう1点違いがある。

　一定のゾーン内に出店するとその集合体として賦課金がかかることと、日々の売り上げはいったんその集合体に全額入金するのが一般的である。（それぞれの店にはマージン分がバックペイされる）。

　消費者が持つ百貨店のイメージは各国違うので、まずは視察して、その感覚を知ることが必要である。

　日本人が持つ百貨店の高級イメージは世界の中では特殊ともいえる。

(5) 現地販売拠点確保型

図表Ⅴ-9　現地販売拠点確保型

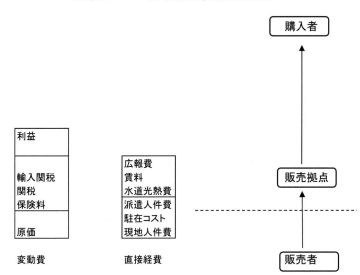

・収益構造

　海外に販売拠点を設ける形態では、中間マージンが必要ない代わりに出張経費用がかかってくる。商品原価：売値=20：100 の比率を目指すのは貿易型と同じである。

　インターネット販売型は、ブランドを補完、あるいは、販売網を広げていく手法と併用する場合もある。

・注意点
・防犯も考えた店舗レイアウト
　店舗レイアウト策定の際には、以下のことに注意すべきである。
・店頭はシャッターが下りるようにする。
・店舗フロアーに裏出口がある場合には、店内から見えないように
　工夫をする。
・レジも衝立て等で保護する。

・ロジスティックス体制
　日本に輸出業務（梱包含む）の専任をおく必要があります。現地に
も輸入業務の担当者をおく必要がある。
　近年の港湾業務は、ハブ港となるためのスピード合戦で業務処理
は速くなっているが、それでも日本から輸送して3日ほどは見てお
いた方がよい。
　なお、スムーズな物流をするために、倉庫を借りるのも一考であ
る。
　通常は、いずれ、現地での調達を目指す形を取る。（現調と略す
場合もある）。

・現地人件費と物価の調査
　人件費は、JETROの参考統計値より、派遣スタッフ駐在コスト
一人あたり現地従業員コスト　一人あたりのコストを調べる必要が
ある。
派遣スタッフと現地従業員が同数なら、現地従業員のコスト減によ
りほぼ国内営業と同額になる。
物価も上がっているので、賃貸料も含めて、現地生活（駐在）コス
トを調べることも必須となる。東南アジアの国では外国人はメイド
を雇うことも必須となるケースもある。
　（この調査は「テナント入店型」も同じであるが代表して「現地拠
点確保型」で解説した）。

3　日本法人と現地法人の取引での注意点

　ここで、詳細の解説は紙面の関係上避けたが、海外に近づく類型ほど、現地法人を作る必要性が生じてくる。

ここでは、一番大きな注意点を解説する。

それは、日本の法人と現地法人で海外での利益を日本の法人に還流するという考え方は会計法上、許されないということである。

実際「海外の現地法人作ると利益を日本に持って帰れないでしょか?」という問いは非常に多い。

これは、海外だからということではなく、その会社の財務から切り離して、利益(現金)持ってくるというのは会計の基本原則からは違反になる。

法人というのは自然人の性格を持つ。

その血肉を、都合で切り離してはいけないのである。

現地での再投資が第一義となる。

その上で説明する。

多くの海外進出企業がとっている策は

*顧問料などのコンサル報酬として取る

*海外現地法人と日本法人と取引して、こちらにも利益に享受できる形にするという方法である。

前者はその国ごとに許されるガイドラインがある。

後者もあまりにどちらかの法人に有利な取引にすると、みなしの税金かかる。

その際に、合理的価格という判断は難しいケースもある。

いずれにしても海外では、海外送金の際には明確な理由が必要となる。

第Ⅵ章　ビジネス参入時の異文化理解

1　国民性から見た性質

　以下の図は、異文化理解力というエリン・メイヤーの本の各国の国民性比較である。

　「合意志向」か「トップダウン志向」か、「階層主義」か「平等主義」かという分布図である。

　ここで、掲載したものは非常に面白いデータで、日本は「階層主義」の最右翼になる。

　日本は「平等主義」じゃないのか?と感じるが、例えば会社内の役職で部長と役が付けば能力関係なく部下は指示を受け入れる。

　では、平等主義の国はどうやって引っ張っていくかというとリーダーシップという能力である。

　それは、日本は劣っている。ここが最大の要注意である。

図表Ⅵ-1　世界主要国の性質の分布図

「決断」の各国分布

| | スウェーデン | | ドイツ | | アメリカ | フランス | | インド | ナイジェリア |
| 日本 | | オランダ | | イギリス | ブラジル | イタリア | ロシア | | 中国 |

←―――――――――――――――――――――――――――――――――→

合意志向　　　　　　　　　　　　　　　　　　　　　　　　トップダウン式

「リード」の各国分布

デンマーク	イスラエル	カナダ	アメリカ		フランス	ポーランド	サウジアラビア	日本
オランダ		フィンランド	イギリス	ドイツ	イタリア	ロシア	インド	韓国
スウェーデン	オーストラリア			ブラジル	スペイン	メキシコ	ペリ	中国	ナイジェリア

←―――――――――――――――――――――――――――――――――→

平等主義的　　　　　　　　　　　　　　　　　　　　　　　階層主義的

出展：エリン・メイヤー「異文化理解力」英治出版　より著者　西河が再作成

　日本の決断は「階層主義」とあったのに決断に際しては、「合意志向」でありこれは、稟議が大きく左右している。または、上からの命令が下りてきた時の職場単位での合意という名の空気が形成される。これが海外に行くと「個人主義」の方が勝つので合意形成されないと覚悟すべきである。この異文化理解が足りないことが海外での労務管理が進まない理由と思われる。

２　コネクション社会

　これは金燿基という人の中国の人間関係を書いた有名な図を著者が描画したものである。
　中国では、関係（グワンシ）というコネクションによる人間社会が形成されている。下は、日本を代表する一般的な先進国の人間関係で、職場単位で形成されていく図を示す。

図表VI-2　中国のコネクションのイメージ

中国の関係（グワンシ）のイメージ

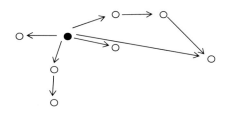

日本社会の関係性のイメージ

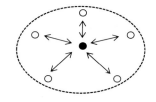

金燿基　作成のものを西河が再作成

中国では、その結果形成された人間関係を深い順に

　　親人―朋友―塾人―外人

　チンレン―ポンヨウ―シューレン―ワイレン

となる。それぞれの深さの度合いは省略する。

中国以外にもこのコネクション構造はある。

これに注意しておかないと、突然ビジネスが頓挫する。

なぜ、そんなことが起こるかというと発展途上国は法治社会ではないということを示す。

このような中国人のコネクションの組織化を表すのが「華僑」である。

この組織が常に情報交換しているのに対して、日本人の海外での集いは親睦の意味合いが大きい。海外での日本人糸断哉も「和僑」と名乗ろうという動きがあったが、親睦要素の方が強いために大きなうねりとはなっていない。

先ほどの図でいえば、海外においても会社単位のつながりの発想から抜けきらないところに日本人の弱みがある。

ただし、今回の海外ビジネス先進事業者取材で、楊　政臭氏は、次の時代を担う年齢層は、「先輩後輩関係」「貸借関係」も残るグワンシはあえて使っていないと言っている。

3　国のステージ

　また、国民性の問題については、本質的なもの以外に、その国の時代の変遷におけるステージによるケースもある。

　分かりやすい事例でいうと、東南アジア諸国では、まだ、「経営管理」「品質」という概念がない。

　これが、東南アジア諸国の経営層を華僑が牛耳っている理由の一つにもなっている。

　よって、海外進出で現地人を雇用する場合には時間をかけて、その言葉の概念から教えていかないといけない。

　ただし、この「品質」については、更に説明しておかねばならない点がある。

　それは、国際標準の中では日本の目指すところの品質基準は過剰になりつつあるということである。

　商品で説明すると、書籍販売の業界では日本は明らかに過剰包装である。基本的に表紙カバーとオビが付いており、レジで更に「カバーかけますか?」と聞く。

　あの風景は外国人から見ると「何重に包むのか?」という感覚であり明らかに世界標準から外れている。

　インバウンド観光における日本の「おもてなしサービス」は「おせっかい」というイメージも併せ持つ。よって、宿泊においてはあえて、宿泊機能だけに限定したところに泊まる外国人も多い。

4　賄賂の問題

　データによると日本は最も役所の汚職が少ない国に該当する。これが、海外でしかも事業開始のライセンスに関することとなると当事者には重大な問題となる。

　海外ビジネスに精通している先達者になると、この種の資金も想定している。(だたし、会計で経費として落とせるかは、その国の税務制度の問題となり別問題となる)。

　本書は公けに出版するものであるのでどうするべきかということは明言しないで現状の説明に止める。

　これをもって賄賂が不要な日本の行政窓口が外国人にとって、対応しやすいかというと、それも当たっていない。

　日本の場合、「縦割り行政」「セクショナリズム」「付度」など、外国人に分かりにくい悪弊があり評判は悪い。

　行政の電子化も世界の中では最も遅れた国になりつつある。

5　国家と民族

　ひとつの国に民族が複数混在しているケースがある。

これが、宗教の併存とつながっていることも多い。

マレーシアでは、

　マレー系

　中華系

　インド系

の3つの民族となり、マレー系にはイスラム教徒が多い（国は、自国民のマレー系へ優遇施策をとっている）。

　シンバポールでは、仏教系・キリスト教系などで、エリア的にも棲み分けされている。

　中国のように、中国国内の民族ごとの棲み分けが効かなくなっている国と、食事場所や買い物場所が棲み分けされている国がある。

　イスラム教徒はハラルの関係で飲食に制限物があるので、ハラル対応店に行くのが一般的である。

　一般的に、棲み分けが効いている国ではマーケティングをひとつの民族に絞るのが合理的である。

6　国家体制

　アジア・東南アジア諸国は以下の通りとなる。

マレーシア　連邦立憲君主制国家

カンボジア　王国

韓国　大韓民国

中国　中華人民共和国　共産主義

ベトナム社会主義共和国　共和社会主義

ミャンマー　連邦共和国（国軍総司令官が全権を掌握）

台湾　共和国

インドネシア共和国

フィリピン　共和国

タイ　王国

名づけ方の法則として

*連邦制は、各地域（リージョン）が主権を持ちその集合体としての

　国家がある形である。

＊共和制は主権が国民にあり、国民の選んだ代表者が合議で政治を
　行う体制である。

＊立憲君主制は憲法に則って行われる政治体制である。

君主がいても、儀礼的な役割に徹する傾向が強い。

＊共和制は君主がいない政治体制で、国民が選挙で選んだ代表者が
　統治する。

代表者は多くの場合、大統領と呼ばれる。

＊大統領は王ではない。王は国家の象徴たり得る人

　これは、国家体制の名付け方をある側面から見たものであって、
「人民共和国」と称していてもその実態は独裁制である場合もある。

　ここで、この日本の国家体制はというと意外と答えにくい。立憲
君主制が近いのではないかと言われている。

　国王のいる国では(国民感情も考えて)一定の敬意を払う気持ちで
臨みたい。

第VII章　ビジネスの基本ー世界標準（グローバルスタンダード）

1　本章の意味合い

　本章は事前に解説が要る。ここまでは主に東南アジアを中心にした販売における進出想定国の各事情の解説だったが、本章は、ビジネスにおける

- ・契約の流れ
- ・契約の類型
- ・契約のマナー

などの世界標準（グローバルスタンダード）を解説することになる。

　同時に将来、ビジネスの場に立ち、戸惑わないように、英語表記を参考に付した。この英単語については記憶しておけば海外で何のことを言っているのかは最低限想像がつく。現在、ビジネスにおいて、英語圏の次に来るのは中国語圏であるが、中国のビジネスマン層は英語も理解しているので、問題はないと思われる。

　このビジネスの基本の中で、契約の流れについては、日本は口約束で、省略する部分がかなり多い。

　後掲で詳述するが、契約というのはひとつの取引について

　見積依頼書　見積書（相見積書）発注書　納品書　検収書　請求書　領収書

　と進む。これらを含むように、（基本）契約書があるはずである。

　日本の場合、このうち例えば、見積依頼書、発注書は、電話で先方に、見積書作成や納品を依頼するにとどまり、書類化していない企業がほとんどである。

　また、これらを含むように作る基本契約書もほぼ作られない（補助金・助成金の世界では後から形式的に作るケースが多い）。
それだけ日本は
・信用社会
・具体的に指示しないでも、品質がある程度保証されている世界
と言えるかもしれない。
　また、日本のような要因からではなく、進出対象国の経済発展のステージが浅い場合も同様の（未整備の）自体が起こるかもしれない。
　しかし、法的なリスク回避を考えると、世界標準で押さえておくべきである。
　以上の背景からこの項目は契約のあるべきトラディショナルな形と言葉（英語）を学習すべきである。

2　信用調査

　相手が十分に信頼できる企業なのかを事前調査しなければならない。
　ただ、これは、前述の小売り5類型では、いわゆるB2Cが多い①インバウンド型②ネット販売型（越境EC）はその場限りの客であり信用調査は当てはまらないだろう。主に③貿易型⑤現地販売拠点型のB2B商材の場合に当てはまる。

　　信用調査　Credit　Inquiry

以下、調査項目の3Cと言われるものである。
　　対象企業の性格　　Character :評判、Reputation
　　相手企業の経営能力　Capacity : 得意先 Customer、取引銀行
　　　　　　　　　　　　　　　　　　 Banks 、売上高 Sales
　　相手企業の資本　　 Capital: 資木金 Capital stock、預金
　　　　　　　　　　　　　　　　　 Deposit 、資産 Assets

3 引き合い

引き合い Inquiry

　引き合いとは買主が御社の商品・サービスに興味を持った（The buyer is interested in）状況で何らかの、質問（ask for）をしている状況である。

　これについては、最近、リード　Lead　という言葉も良く使われる。これは、問い合わせに加えて営業で予約をとるというアクションも含まれるので概念は幾分広いと思われる。

4 品質

　関心を持つ、問い合わせを受けて、それに答え、納得したら契約するという流れは、全て「品質」に関することが中心になる。

品質　Quality

　工業製品などは、仕様書　Specification　も品質を示す重要な資料である。

　当然、その仕様から作られたものが示す機能　Function　も重要な要素となる。

　海外での製品の提示は標準品で行う場合が多い（展示会なども）。

標準品　Standard

　その製品の中で最も精度の高いものを見せたいという日本のスタンスは国際標準から外れている。その後の流通を考えると標準品が合理的である。

　その他規格では
　サイズ　Size
　長さ　Length
　重さ　Weight

　　容積　Measurement
を明示する。

　　数量　Piece　に関しては条件として、最低購入数・最高購入数
量が問題になるケースがある。
　　最低購入数量　The　minimum order
　　最高購入数量　The　maximum order

5　保険
　　保険については、言葉の紹介にとどめるが外部環境脅威の大きく
なっている情勢下では重要な要素である。
　　保険　Insurance
　　保険金額　Insurance amount
　　損害額　Amount of damage
　　保険証券　Insurance Policy

損害の状況については
　　全損 Total Loss
　　分損 Partial Loss
がある。

　　種類では海上保険が最もよく使われる。

海上貨物保険 Effect marine cargo insurance
その他に保険の要因となるものに、
　　戦争　War
　　火災　Fire
　　ストライキ　Strike
などの要因がある。
　　最近、保険の種類で、ALL　Risks　という言葉を聞くがこれらの

要因に最も広く答える最大範囲の保険の呼称である。（ただし、免責条項はある）。

　まだまだ保険用語はあるが、実際に必要性が出た時に自分で調べておく必要がある。

6　契約の流れ

　契約の流れはまず、見積書の作成を依頼するが、形状・値段の決まっている定番品は省略されるケースもある。

　見積依頼書　Request for quotation
　見積書　Quotation
　相見積書　Phase Quotation
　複数者に依頼するときは相見積もりという言葉になる。
　原価も変動する可能性があるので期限付き　Time-bound　とするのが一般的である。

　次の段階で、注文に進む場合には「発注」「注文」「申込」という行為になる。この段階は出来るだけ書面を残したい。
　発注書　Purchase Orders
　注文書　Purchase Orders
　申込書　Application form
上に行くほど、仕様が付く商品・製品となる。

　そして、商品・製品が届くと
　納品書　Delivery note
を受け取ることとなる。

　次も大切な段階で、内容が、発注した品質と合致しているかを点検する。
　検収　Acceptance　検収書　Acceptance Letter

品質が合致していた場合は、代金の請求、決済と進む。

　　請求書　Bill

　　領収書　Receipt

　（決済の仕方は別に掲載）

　確かに、現在は過渡期で、この証拠証票の流れを見ると、ネット取引などにはそぐわない面もある。

　また、現在の原価高のもとでは、販売側のパワーが強いこともあり、相見積もりを取ることにより経済合理性が発揮されて、価格が下がるということでもなくなっている。

　また、複雑化した世の中では、その製品を作れるのはその会社だけという1社選定のケース多く、この相見積もりを取るという行為に合わなくなってきている。ただし、取引の典型的な流れとしてとしては押さえておくべきである。

7　貿易

　貿易用語も数多くあるが、ここでは、主要なものだけを説明する。

　（信用状と為替手形・船荷証券の意味合いは169P～170P参照）

　　船積　Shipping

　　信用状　L/C　Letter of Credit

　　為替手形　Draft

　　船荷証券　　Bill of lading

　　輸出　Export

　　輸入　Import

8　決済

　決済では順方向と、逆方向の流れがあり

　　A→B

　　A←B

という2方向がある。Aが購入者（輸入者）、Bが販売者（輸出者）

である。

　A→Bが「(順) 為替」と言われるものであり、代表的なものは振込み　Transfer　である。（ネットバンキング振込み　Internet Banking Transfer）現金　cash や小切手 Cheque を渡す場合も、同様である。会計では小切手は現金に準ずるものとされる。

　これに対して、「為替手形」Bills of exchange「口座振替」Direct debit は、販売者の取引銀行から購入者の取引銀行に約束の日に回収しに行くという形を取るために「逆為替」と言われるものである。

　「クレジットカード決済」Credit card payment　も約定日にカード会社は回収に行く形なので後者と言ってよい。

9　価格設定　値段の交渉

　海外で問題になるのは為替であり、自国建て通貨で決済する方が為替レートには左右されないが、取引のパワー関係も関係する。

　　ドル建ては Dollar-denominated
　　ユーロ建ては　Euro-denominated
　　円建ては　Yen-denominated
　　人民元建ては　RMB-denominated
　　為替レート　Exchange rate
　　為替予約　Currency Exchange Agreements

　貿易　Trade　の際の価格は、どこまで、輸入者が持つかで３段階に分かれる。（詳細の解説は省略）
　　本船渡し値段 FOB(Free On Board)
　　運賃込み値段 C&F(Cost and Freight)
　　運賃保険料込み値段 CIF(Cost,Insurance and Freight)
この価格交渉の用語もよく使う。
　　値上げ交渉　Price increase negotiations
　　値下げ交渉　Price reduction negotiations

　なお、海外で最終消費者が値段の交渉が出来るかどうかについて
は、世界では一般的に

　　百貨店　Department store　不可能　Impossible
　　土産物店　Souvenir shop　可能　Possible
　　コンビニエンスストア　Convenience store 不可能　Impossible
　　飲食店　Restaurant ケースバイケース　On a case-by-case basis
　　（一般的）路面店　Street Shop 可能　Possible
とされている。これは主に店員の権限からくる。

10　契約の類型

　最後に契約に関する用語である。口頭での契約も法的には有効だ
が、後のことを考えて出来るだけ書面化したい。先進国であるほど、
条文数は多いのが一派的である。

　　口頭での契約　Oral Contract
　　契約書　Contract
問題になるのは以下の２点である。
　　クレーム　Claim
　　準拠法　　Governing Law
契約類型の発展形は以下の通りである。
　　代理店　Agency
　　フランチャイズ　Franchise
　　フランチャイザー（FC 本部のこと）　　Franchisor
　　フランチャイジー（FC 加盟店のこと）Franchisee
　　委託販売　Consignment sale

第Ⅷ章　公的支援制度の活用

1　概要

以下の5段階での支援策は長年変わっていない。

Ⅰ　情報提供事業 主催　ジェトロ・商工会議所
　　　　　　　　　内容　セミナー事業・研修事業

Ⅱ　相談事業　　　主催　ジェトロ・中小業基盤整備機構
　　　　　　　　　内容　海外貿易・海外進出・知的財産管理について
　　　　　　　　　　　　の相談受付

Ⅲ　展示会、商談会事業　主催　ジェトロ・中小業基盤整備機構
　　　　　　　　　　内容　大商談会・ブースでの展示会

Ⅳ　海外での相談事業
　　　　　　　　　　主催　ジェトロ
　　　　　　　　　　内容　現地での相談事業

Ⅴ　海外進出に関する金融支援
　　　　　　　　　　制度内容
　　　　　　　　　　補助金施策
　　　　　　　　　　金融・（貿易）保険
　　　　　　　　　　外国出願の助成支援
　　　　　　　　　　海外での模倣品対策支援

以下に各段階の内容と注意すべき点、施策の課題を説明する。

2　各段階の注意点

Ⅰ 情報提供事業（事業者側から見ると情報収集）

　まず、海外進出において重要なのは資金より、情報になる。

　ここでは、この段階での大きなハードルを上げる。

　それは、海外ビジネス開始のノウハウのセミナーを聞くとそのリスク側面のみがイメージ付けられ、その時点では未確定の大きな機会面に意識が行かないということである。

　海外進出の先進事例を見ると、そのような一次情報ではなく、進出想定の対象国にとりあえずリサーチしに行ってみたという二次情報が中心となる。

　この現象は逆にいうと海外進出しないための理由を自分に言い聞かせるためにリスクを確認しにきている受講者が意外と多いことを示す。

　ジェトロサイトでは以下のようなレポートがラインナップされている。

実際に視察する前にはチェックしたい。

（2023 年 7 月現在）

地域・分析レポート

調査レポート

国際ビジネス情報番組「世界は今」

ウェビナー/WEB セミナー

　世界貿易投資報告

　海外発トレンドレポート

　マーケティング情報

各国の制度・手続き

　輸出入に関する基本的な制度

　海外進出に関する基本的な制度

貿易・投資相談 Q&A
世界各国の関税率
投資コスト比較
各国の基本情報
統計ナビ
各国・地域データ比較

Ⅱ 相談事業

個別に自社状況に応じて助言を貰う時点から有料制度となる。
どこからが有料かというのは、グレーなラインである。

Ⅲ 展示会・商談会事業

ジェトロサイトでは以下のような情報が整備されている。
イベント情報
イベント一覧
ジェトロが支援する展示会・商談会
見本市・展示会情報
世界の見本市・展示会情報(J-messe)

　展示会についてはジェトロ以外にも業界団体自ら主催するケースもあり情報のアンテナは広げたい。

　マッチング情報については、政府系なので登録すれば、マッチング情報が無料で貰える（名称「e-Ｖｅｎｕｅ」）。

　中小企業基盤整備機構もマッチングに力を入れており、国内版に加え海外版も同時運用している。中小企業基盤整備機構も政府系なので無料である。（名称「J-GoodTech」ジェグテック）

　事前準備として、商品・サービスの翻訳。通訳の手配が必要になる。商品ラインシートの作り方については具体的に説明する。

　商品ラインシートとは、規格。形状・材質。希望プライス・取引

希望ロット・使用上の注意事項・形状の写真などを表した商品紹介のシートである。

　展示会。商談会の段階では必須ツールとなる。

　ここで、農産品の分野で顕著な効果を表している農林水産省の FCP シートを紹介する。（ＦＣＰとは、FOOD COMMUNICATION PROJECT の略）

　まずは、商材を知ってもらわねば始まらないということを考えれば重要なツールと言ってもいい。農水省管轄では、過去に農業者を集めて研修会など頻繁に行ってきた経緯がある。

　多少の翻訳知識はいるもののまさに自社製品を紹介するのであるからコンサルタントに委託するのではなく、自社で作るべきものである。

　実際には、海外輸出希望者であっても、この商品情報が欠けている事業所が多い。

　記入すべき主要項目は

　・規格・材質

　・プライス。最低取引希望ロット

　・形状の写真

　・注意事項

などを載せるもので、事実の通り載せるものなので、専門家に委託せずとも作成できるものである。（見せる要素もあるので多少のトレーニングは必要となる）。

　194 頁以降に、農水省の「ＦＣＰ展示会・商談会シート」を紹介する。

　194P が生産者の紹介で、195P が生産物（商品）の紹介である。

　これは、海外輸出商談の際の日本の農業の生産物の紹介シートである。

　現在、ヒット施策となり、農産品の海外輸出品目・輸出額が増えているのである。

　これは、最初、国内商談会用に作られたものを平行展開したもの

である。

　対海外では、英語。中国語・韓国語書式がある。

　ここでは、英語シートをそのまま載せた。

　農産品（食料品）特有の「賞味期限」などの欄を省略するだけで、通常の商材にも使えるので、輸出したい商材があれば、

　　・各項目の意味を知る

　　・自社の商材の情報として英語で埋めてみる

　というワークする資料にもなる。当然魅力ある画像（写真）に細心の注意をするべきである。

　以下、各項目の翻訳である。

（表面）

Name of Product　商品名

Materials Inner Capacity Volume Size 材質　重量　入数　サイズ

JAN Code JAN コード

Use by date　賞味期限・消費期限

Minimum Unites of Deliverry　1ケースあたりの入り数

Lead Time 発注リードタイム

Stroge Condition　保存温度帯

Reference Price　参考小売価格

Certifications(Rroducts) 認定・認証機関の許認可（商品）

Ingredients and Additivers 原材料及び添加物

The　Place of Origin 原産地

Nutritional Facts　栄養成分

Use Scenes　利用シーン（利用方法・おすすめレシピ等）

Product Characteritics 商品特徴

Pictures 商品写真

（裏面）

Company's Name 出展者企業名

Annual Sales 年間売上高

Numbers of Employees　従業員数

Name of Representative 代表者氏名

Meesages to Purchagers 来場者へのメッセージ

Website Addres ホームページ

Company's Address 会社所在地/Factory's Address 工場所在地

Name of the Person in Charge E‐mail Address Phone Number Fax Number 担当者、 e‐mail,TEL,FAX

Information of Quality Assurance　製造工程（農林水産品の場合は生産工程）などのアピールポイント

Inspection of Oroducts 商品検査の有無

Hygine Management 衛生管理への取組

Emergency Response 危機管理体制

図表Ⅷ-1　ＦＣＰ展示会・商談会シート　英語 VER（農林水産省）

■ Product Profile / Terms and Conditions

Name of Product				

JAN Code		Package	Materials	
Use by date			Size/Inner Capacity	Length(cm) ✕ Width(cm) ✕ Height (cm) / Inner Capacity
Minimum Units of Delivery		Packing	Materials	Volume
Lead Time			size/Gross weight	Length(cm) ✕ Width(cm) ✕ Height (cm) / Weight(kg)
Storage Condition	☐Normal Tempreture ☐Refrigerati ☐Frozen	Reference Price	☐FOB ☐CIF *varied by terms and conditions	Prices are valid before / Price in Japanese market
Certifications (Products/System)				

Ingredients and Additives	The Place of Origin	Nutritional Facts	Ingredient Amount (Eg.　X calories/100g)

Product Characteristics	Use Scenes (Usage・Recipes)

■ Product Picture

	Allergen (Specific Raw Materials)

■ Company`s profile

Company`s Name			
Annual Sales		Numbers of Employees	
Name of Representative			
Messages to Purchasers			写真
Website Address			
Company`s Address 〒			
Factory`s Address 〒			
Name of the Person in Charge		E-mail Address	
Phone Number		Fax Number	

■ Selling Points of the production process

Pictures

■ Information of Quality Assurance

Inspection of Products	☐Yes ☐No	(If yes, please provide additional information about inspection)			
Hygine Management	Prodction Process				
	Employees				
	Facilities and Equipments				
Emergency Response	The Contact Points	The person in charge		Phone number	
	Documentation				

195

これは、ネット販売を志向する事業者も作るべきで売れ始めるとこのツールを介して紹介なども入る場合がある。

次に想定すべきは、取引場所が海外になった場合
・代金の受け取り口座の作成
・海外現地法人の設立と登記
・その業種の開業ライセンスの取得
となる。

Ⅳ　海外での相談事業（ジェトロ）

当たり前のことのように聞こえるかもしれないが、事前予約が必要となる。

ジェトロ・現地デスクは予約しておかないと訪問時間に誰もいないケースもある。

現地相談は、現地にデスクがなくては始まらないが、東南アジアで見ると主要国はほぼ（1箇所以上は）カバー出来ている。

アジア現地事務所一覧（2023年7月現在）
インド
　アーメダバード事務所　チェンナイ事務所　ニューデリー事務所
　ベンガルール事務所　ムンバイ事務所
インドネシア
　ジャカルタ事務所
韓国
　ソウル事務所
シンガポール
　シンガポール事務所
スリランカ
　コロンボ事務所

タイ
　　バンコク事務所
カンボジア
　　プノンペン事務所
中国
　　広州事務所　　上海事務所　　成都事務所　　大連事務所　　青島事務所
　　武漢事務所　　北京事務所　　香港事務所
パキスタン
　　カラチ事務所
バングラデシュ
　　ダッカ事務所
フィリピン
　　マニラ事務所
ベトナム
　　ハノイ事務所　　ホーチミン事務所
マレーシア
　　クアラルンプール事務所
ミャンマー
　　ヤンゴン事務所
ラオス
　　ビエンチャン事務所

V　海外進出に関する金融支援

　海外進出にかかる、運転資金・設備資金の支援と知財管理にかかる資金の支援策となるが、近年、海外での日本の知財の防御のため知財管理支援は継続施策となっている。

（1）補助金施策

　補助金施策については我が国の知財保護のためのものがかろうじて続いている。支援策は1年単位で変わる単年度施策なので、こういうことになる。

　2022年度にあった JAPAN ブランド推進と越境 EC の補助金は消える。現地のランニングでは補助金は出ないと思った方がよい。これは、海外での見積もりー契約書ー領収書が判別しにくいという事情がある。

　海外進出支援にかかる特別な補助金は今はない。
　・事業再構築補助金
　・ものづくり補助金（革新的サービスコース）
　・IT 補助金など
　汎用性のあるメジャーな補助金で海外進出プランで申請することになる。
　ここでは、詳細な制度説明は省略する。

　過去「共同化」「事業再編成」「ジャパンブランド推進」などというキーワードのもと補助金の公募がなされたが、現在は、メジャーな補助金に統合された形である。過去から制度を作っては解消しての繰り返しである。
　これについては、
＊単年度で打った施策は、すぐに効果測定時期という見直し行為に入ること。
＊経常予算は常にスリムに保っておくためによほどのことがない限

り経済活性化策は編入されない。

ということである。このためにメジャーな補助金であるものづくり補助金や事業再構築補助金も補正予算計上で毎年微妙に補助金名を変えて募集がなされている。

　海外進出専用の補助金枠が作られた場合には、ひとつ大きな注意点があり、関与できる人（専門家）をクローズドにするということがある。

　これは、具体的にはどういうことかというと補助金に関与できる専門家を国に申請して認められた専門家に限るということである。

　国がこういう体制をとるときに「能力担保」という言葉を使う。

　この言葉裏を返せば、「不正防止」という意味合いがある。

　しかし、過去からの補助金の歴史を見ても、関与事業者をクローズドにしたから不正が減るということは全くない。

　東京五輪などの不正事件を見てもより悪質に、より巨額になり、発注先をクローズドにする分、価格がカルテルになりやすいだけである。もっとオープンな関与体制を期待する。

（2）借入制度・保険制度

　以下に政府系金融機関の制度を説明する。民間金融機関などでもメガバンクは世界に拠点を持っている。

1. 日本政策金融公庫　企業活力強化貸付

　日本政策金融公庫とは、これから創業しようという人や中小企業事業者のための政府系の金融機関であるが、貸付は基本的に国内の法人になる。

　以下は、海外進出も当てはまるということであり、海外進出専用の貸付制度ではない。海外に進出する企業の日本法人に貸し付けるという形になる。

企業活力強化資金の概要

　幅広く資金ニーズ子答える一般貸付に対して、企業活力強化貸付には以下の要件がある。

　次のいずれかを行うために必要な<u>設備資金および運転資金</u>
・合理化、共同化等を図るための設備の取得
・セルフ・サービス店の取得
・ショッピングセンターへの入居
・新分野への進出
・販売促進、人材確保（運転資金のみ）
・設備資金および運転資金
・キャッシュレス決済に対応するために必要とする運転資金

設備資金および運転資金

融資限度額　　　7,200万円（うち運転資金4,800万円）
ご返済期間　　　設備資金　20年以内＜うち据置期間2年以内＞
　　　　　　　　運転資金　7年以内＜うち据置期間2年以内＞
利率（年）「[基準利率]、[特別利率A]、[特別利率B]、[特別利率C]（説明は省略、知りたい方は日本政策金融公庫のサイトを検索ください）。
担保・保証人　要相談

2.日本貿易保険　JBIG　バンクローン・海外投資金融

　株式会社国際協力銀行（Japan Bank for International Cooperation、略称：JBIG）は、株式会社国際協力銀行法（平成23年5月2日法律第39号）に基づく特殊会社であり、日本の輸出信用機関（ECA）である。略称はJBIC（ジェイビック）。前身は日本輸出入銀行（輸銀）政府系金融機関である。

　バンクローン・海外投資金融とは日本企業の海外投資事業に対する融資で、日系現地法人（合弁企業含む）も支援可能

日本の国内企業向け融資

中堅・中小企業向けの場合（M&A 等への支援も可能）

海外事業展開支援のためのツー・ステップ・ローン（TSL）

長期資金の融資を行うまでの「つなぎ資金」も支援可能

3. 日本貿易保険

　株式会社日本貿易保険、（Nippon Export and Investment Insurance、略称：NEXI）は、輸出入・海外投融資などの対外取引に伴う危険を填補する貿易保険を提供する日本の特殊会社。（政府系金融機関）

・中小企業輸出代金保険

　「貿易保険」は日本の企業が行う海外取引（輸出・投資・融資）の輸出不能や代金回収不能をカバーする保険

目的

取引先・相手国のリスクをカバーする

船積前・船積後のリスクをカバーする

個別保険と包括保険がある

輸出においてなぜ、輸出業者にリスクがかかるかは、168P を参照

輸入する会社に関する与信の他に、災害や戦争などのリスクも近年大きいものがある。国によってもリスク度合いが違うので保険料も違う。

基本代金に加えて取引先が格付・評価されて、与信枠が設定される。

格付けは

EE　優良

EA　良

EF　可

EC　注意

の４段階である。

図表Ⅷ-2　日本貿易保険の国別個別保険

保険料の目安
〜輸出契約単位払い〜

輸出契約金額：100万円　決済条件：船積後60日での支払い　契約相手：「EF」格を取得

	中小企業・農林水産業輸出代金保険		貿易一般保険（個別保険）
	通常	※優遇条件（10％割引）適用後	
アメリカ向け（Aカテゴリ）	¥6,340（0.634％）	¥5,710	~~¥9,610~~¥10,000（0.961％）
韓国向け（Bカテゴリ）	¥7,130（0.713％）	¥6,420	¥10,890（1.089％）
中国向け（Cカテゴリ）	¥8,240（0.824％）	¥7,420	¥12,930（1.293％）
タイ向け（Dカテゴリ）	¥9,230（0.923％）	¥8,300	¥14,460（1.446％）
ロシア向け（Eカテゴリ）	¥10,450（1.045％）	¥9,410	¥17,370（1.737％）
ブラジル向け（Fカテゴリ）	¥11,120（1.112％）	¥10,010	¥18,390（1.839％）
カンボジア向け（Gカテゴリ）	¥13,870（1.387％）	¥12,480	¥24,030（2.403％）
パキスタン向け（Hカテゴリ）	¥16,420（1.642％）	¥14,780	¥26,190（2.619％）
最低保険料	¥3,000	¥3,000	¥10,000

※1 上記の国カテゴリーは2022年2月時点のものです。
※2 船積前期間30日・船積非常95％・船積信用80％・船後非常97.5％・船後信用90％で計算したものです。

出展　日本貿易保険のサイトより　2023年7月現在

（3）知財管理の支援施策

1. 外国出願の助成

対象

（1）「中小企業者」

（2）「中小企業者で構成されるグループ」

（構成員のうち中小企業者が3分の2以上を占め、中小企業者の利益となる事業を営む者）

　※中小企業者には法人資格を有しない個人で事業を営んでいる方（個人事業主）を含む。

（3）「地域団体商標の外国出願」については商工会議所、商工会、NPO法人等。

（4）外国への特許、実用新案、意匠又は商標出願を予定していること（複数案件も可）。

補助金

※応募時に既に日本国特許庁に対して特許、実用新案、意匠又は商標出願を行っていることが必要。

国際出願促進交付金

（1）国際出願手数料：金額の1／2相当額を交付150万

1企業当たり300万上限

　　問合せ先　　（独）日本貿易振興機構、特許庁

（2）審査請求補助金：金額の1／2相当額を交付20万

1企業当たり60万上限

　　問合せ先　　（独）日本貿易振興機構、特許庁

（3）中間応答補助金：金額の1／2相当額を交付

1企業当たり30万上限

　　問合せ先　　（独）日本貿易振興機構、特許庁

2. 海外での模倣品対策事業（海外施策と知財施策のドッキング）

海外進出と知財関連の統合は海外進出時の模倣品対策と言う形で試行が始まった。

(1)模倣品対策支援事業　2／3補助　補助上限　400万

　　　　問合せ先　　（独）日本貿易振興機構、特許庁

(2)防衛型侵害対策支援事業　2／3補助　補助上限　500万

　　　　問合せ先　　（独）日本貿易振興機構、特許庁

(3)冒認商標無効・取消係争支援事業　2／3補助　補助上限　500万

問合せ先　　（独）日本貿易振興機構、特許庁
(4)海外知財訴訟費用保険補助　掛け金の１／２　海外知財訴訟費
用保険の掛け金の補助
　　　問合せ先　日本商工会議所、特許庁

　中間応答とは海外では審査で意地悪されやすく、審査請求で拒絶
を食らった場合の対応費用。冒認とは商標を勝手に使われるという
意味。

　これらの制度が残ったのは領収書類が海外の特許庁か弁護士にな
るということで審査時点でも比較的分かりやすいということが考え
られる。

　この知財対策については、悩ましい問題がある。研究開発系の製
造業が例えば東南アジアの複数国に進出する場合など、まず国内で
知的財産権を抑える必要もあり、この特許関連費用で経営がまさに
傾くということもある。

ひとつの考え方としては
・真似されるということは「うれしい悲鳴」と捉え取りあえず費用
　を使わずランニングを始めること。
・被害が出始めたら系列化するなど対策が取れないかを考えてみる
　こと。
などの考え方もある。
　しかし、この方法をとる場合一点注意しないといけない点がある。
通常は、自社の権利を申請登録する時点で、他社の権利を侵してい
ないかを調査することになる。
　この他社の権利を侵していないかは自社が登録しない場合でも飛
ばしてはいけない。その国が先願主義の国かどうかも調べておく必
要がある。

第IX章　先進事例紹介

1　先進事例の選択基準

　日本のブランドをいかに生かすかという点において意味のある事例を選択した。また、本書の講義部分で問題となっているところをケーススタデイで補足するという意味合いがある。

　事例3の株式会社拓宅、楊社長の経営方式は、中国人がジャパンブランドを生かして中国人だけではなく、全世界の富裕層をマーケティングしているという事例であり興味深い事例と言える。

　いずれも中小企業がチャレンジ精神で挑んだ事例であり、大企業が余裕資金で展開しているケースとは一線を期する。

事例1　生田産機工業株式会社　取材は関連会社の株式会社京ウインド
2000年代初頭に製造業として進出した中小製造業が、中国市場を相手にした展開から、日本の商材を仕入れて売るというところまで発展した事例　（株式会社京ウインド　渡辺千裕代表　取材　西河）

事例2　株式会社一文字屋與三郎
代表者の実家の八百屋の生産者チャネルを生かして、農産品の海外輸出事業を始められ、東南アジア・中東を開拓した事例
　　　（株式会社一文字屋與三郎　森本千恵美　代表　取材　西河）

事例3　株式会社拓宅
中国から京都の大学に学びに来られた社長が、京都の経営資源に気づきそのまま事業者として和風モダンなデザインの宿泊業を開始した事例　　　（株式会社拓宅　楊　政昊　代表　取材　西河）

2　事例1　生田産機工業株式会社

　中国蘇州に進出している生田産機工業の進出プロセスについて、その関係会社である、株式会社京ウインドの渡辺千裕社長にお聞きしました。

2002年に設立した中国現地法人　生田（蘇州）精密機械有限公司

京ウインド、渡辺社長（右）と
西河（左）

＊生田産機工業株式会社

1919年創立、1953年伏見区で設立。現在は3代目生田泰宏社長。
　　　　社員数85名、売上高20億円。
事業内容　銅と銅合金をはじめとする金属生産設備の設計・製作メーカー
　　　　金属生産設備の設計製作
　　　　産業用自動化機器の設計製作

　　　　研究開発用機器の設計製作
　　　　産業用ソフトウェア開発
　　　　各種装置の撤去、移設、据付、改造工事
　　　　各種装置のオーバーホール
2002 年に中国に現地法人、生田（蘇州）精密機械有限公司を設立
現在社員 60 名、売上高 16 億円の会社に成長した。

＊株式会社京ウインド
2009 年に生田産機工業の中国事業のサポート会社として設立
事業内容　日中貿易商社、中国でのモノづくりサポート
　　　　　社員数 3 名、売上高 3 億円

＜インタビュー内容＞
西河「まず、海外ビジネス開始の時のプロセスでポイントである海
　　　外事業特有のところをお聞かせください」
渡辺「はい、生田産機工業が中国に進出する際、生田社長はどうい
　　　ったマネジメントが最適か悩んでいました。日本人を総経理
　　　とするか、中国人とするのか？
　　　そこで実際に中国に進出している企業を見学することにしま
　　　した。ある会社の朝礼に参加したときのこと、日本人の総経
　　　理がスピーチをしていて、中国人の通訳が都度中国語に訳し
　　　て労働者に話していました。総経理は、日本の品質や考え方
　　　について多くの重要な話をしていましたが、生田の目にはそ
　　　の内容が中国人社員に十分に伝わっているようには思えなか
　　　ったそうです。
　　　そこで、中国人に対して日本式の押し付けはすべきでない、
　　　総経理（生田中国）には中国人になってもらおうと日本在住
　　　の 30 歳の中国人 K さんになってもらおうと決意しました。
　　　中国進出の第一歩は上海で事務所を探すことでしたが、そこ
　　　からすべて K さんに任せました。給与も自分で決定させまし

たが、K さんが中国残留日本人孤児の息子で日本人的考えも理解できる有能な人物であったこともありました。
生田は社内の不安を押し切って全面的に K さんを信頼し任せたことで順調にスタートを切ることが出来ました。」

西河「現地パートナーの重要性ですね、当時、効果のあった公的機関の支援策は何かありましたか？」

渡辺「京都府、京都市、京都産業２１、金融機関から進出地のことについて、様々な情報を得ることができました。京都の中小企業で中国に進出する例がまだ少なかったことから大いに応援いただけました。」（公益財団法人京都産業２１は京都府の外郭団体の中小企業相談機関）

西河「現地法人と国内法人との事業連携はいかにしていますか？」

渡辺「20 年前は生田本社が図面を描き、日本人社員が生田蘇州に出向いて製作を指導していました。

　10 年前からは生田蘇州が図面を描き、製造、お客さんに納品することができるようになってきています。当時日本の技術を蘇州に公開することについては葛藤があったが、結果的により現地のお客様のニーズに応えることのできる製品を作ることができています。

　現在の蘇州工場は広さ 7000 ㎡、5 面加工機や複合旋盤など本社をしのぐ設備を持つ工場となり、また技術力も本社に肩を並べるレベルです。

　そのおかげで本社の受注を蘇州に振り分けることができているので、本社側も多くの受注を獲得できています。」

西河「事業をする場合、日中の国民性の違いで注意すべき点はありますか？」

渡辺『いろいろありますね。

まず、スピード感です。意思決定が速い。日本人は慎重すぎて、「会社に持ち帰って相談する」は最も嫌われます。

また、中国の場合、面子に配慮することが最重要です。いつ何時でも中国人の面子をつぶしてはいけません。人前でその人のことを下げることは厳禁。いくら間違っていてもそのことを追求するなどもってのほかです。

中国の顧客や協力先と会食することがあれば、いかに彼らを信頼しているか、彼らがどれだけ優れているか、彼らの用意してくれた場所、料理、酒を褒めて面子を立てないといけません。

言うべきことははっきりと言うことも重要です。日本人同士のような「察する」文化はありません。

例えば、できていないことがあった時「ちょっと使い勝手が悪いので、もうちょっとこうなっていると嬉しい」など言ってもまず改善されませんので、「ここをこのように改善してください」とはっきりと言うことが求められます。

相手方のメリットを明確にということにも気を使っています。実際はどうであっても相手方のメリットをうたうことから商談が始まります。』

西河「その他で現地法人と日本法人の間の取引で注意していることはありますか？」

渡辺「日本法人と現地法人で、価格の仕切りについて、合理的な価格になるように苦心しています。」（極端にどちらかの企業が得になるような取引になると、税務署にみなし法人税をかけられるということを示す）。

総括　事例は、海外進出のプロセスとして、その時点での気づきによって臨機応援に戦略を変化させている点である。
・最初はコスト低減目的で進出したが、既存技術で中国国内でもニ

ーズがあることを感じて、中国市場をマーケット、次に、せっかく
マーケティングしたならということで、株式会社京ウインドを立て、
自社製品ではないものを、仕入れて売るという形を試行している。

3　事例2　株式会社市文字屋與三郎

　株式会社市文字屋與三郎の森本千恵美社長に海外貿易について、インタビューしました。

株式会社市文字屋與三郎
創業　2009 年

事業形態
　　国内
　　青果小売業と衛生管理
　　GAP, HACCP の指導
　　輸出支援コンサルティング事業
　　JFSM 監査（登録監査会社）
　　海外
　　商社

ドバイのホテル前で撮影

　ここまでの概要　　森本氏は実家が京都市北区の大正時代から 100 年以上続く八百屋「市與」から、スピンアウトし、苦労の上、生産者とのつながりを生かして、日本の果物などを海外に輸出するという事業を立ち上げられた。

　ランニング中に必須知識である貿易実務や外国語の習得を独学で習得されている。最近、実家の有限会社市與の代表取締役にも就任されている。

＜インタビュー内容＞

西河「海外ビジネスと国内ビジネスと対応、進め方の違いで大きく
　　　習得しなければならない点は何でしょうか？」

森本「断然の対応、進め方の違いはスピードと決断力です。」

西河「海外進出時に効果のあった行政の支援策は？」

森本「県の支援で行ったフルーツの現地企業とのコラボイベントです。」

西河「現在困っていることは何でしょう？」

森本「商品アイテムのカタログ化が季節や産地の変化が大きいために難しいです。」

西河「海外ビジネスの今後の見通しはどうでしょう？」

森本「日本食の食材としての販売でなく、世界のシェフが使う食材として販売をしています。日本の輸出は実績を上げて行っていますが、まだまだ初のことも多くあります。それが意味することは、可能性が無限大ということだと思います。」

西河「これからの日本の事業者に向けて、商材でジャパンブランドが光る可能性のあるものは何でしょう？」

森本「日本の食品は信頼性が高く、しょうゆ、菓子等は大きな可能性があると思います！」

西河「地域別にみて、東南アジア、中東でのビジネスで注意すべき点はありますか？」

森本「東南アジアでは、貧富の差や地域性は考えないといけないかもしれません、中東では、日本人により輸出支援詐欺がかなり多いです。」

西河「事業をする場合、日本と海外で国民性の違い商習慣の違いで注意すべき点はありますか？」

森本「商流のルールの違いや人種によって商談の進め方は違うかもしれません。」

西河「中小企業者が貿易を始める時に最も注意すべきは何でしょう？」

森本「国の違いだけでなく、自己責任で販売することです。」

西河「中小企業者が貿易会社・商社使わずに企業単独での貿易開始は可能でしょうか？」

森本「可能だと思います。ただし、かなり資本は必要かもしれません。」

西河「中小企業単独では、輸送費コストも馬鹿にならないので中小
　　　企業連合での貿易開始は可能でしょうか？」

森本「役割や資本の在り方を明確にすることが必須だと思います！
　　　それがしっかり出来ないと難しいと思います。」

西河「国民性の違いで契約で注意すべき点はありますか？」

森本「私は衛生面の契約書しか作っていません。契約書には注意が
　　　必要と思います。契約書が本来必要なのかをよく考えるべき
　　　だと思います。」

ドバイのイベント場所の雰囲気

シェフを呼んだドバイのイベント

　総括　この事例も実家が青果小売業ということで、生産者とのつ
ながりを生かしながら貿易実務はゼロから学び、試行錯誤を繰り返
して、現在がある。

　着物姿のスナップは、まさに中東にジャパンブランドを売りに行
くときのスタイルであり、女性起業家ならではのアイデアと度胸が
ある。

4 事例3 株式会社拓宅

会社名　株式会社拓宅
代表取締役　楊　政昊（よう　せいこう）
事業形態　宿泊業・飲食業経営
創業年　2018 年

　ここまでの概要・・・来日して、京都の同志社大学に学びに来られた楊氏がビジネスを始めるきっかけは、京都に住み続けたいという理由が大きく、経営資源も京都の町家をリノベーションして、和風モダンのセンスをいかした宿泊業を富裕層相手に展開している。
　その他にも飲食業やコンサルテルティング事業を手掛けている。

＜インタビュー内容＞

西河「今のビジネスを始めるきっかけは何ですか？」

楊　「１５年くらい前に京都に来て、自分の借りていて、後に購入したところの稼働率が悪かったので、活用法を考えたのが始めであり、宿泊業につながっていった。最初から、大きなビジネスを考えていたわけではないが、京都の地に大きなブランドがあること、これからもビジネスをしながら京都に住み続けたいと考え宿泊業の開始を考えていった。（2015 年に第一号宿泊所）

西河「効果のあった国の支援策、支援者（機関）は何ですか？」

楊　「知人の行政書士や大学の先輩などに、大いに助けて貰った。行政の相談機関などの活用は、当時その知識がなく全く活用していない。大きな視点で言えば、安倍総理になって、観光立国を打ち出し、実際に観光客が増えたので、宿泊業にとっては（コロナ前までは）大きな追い風だった。コロナ支援には大いに助かりました。」

西河「今後のビジネスの今後の見通しは？」

楊　「宿泊箇所を広げリノベーションを整えたところでコロナ禍が来て、事業スピードが落ちたので、当面は体制を整えその稼働を上げていきます。」

西河「町家の活用など、日本の文化資源の有効性をどこで学んだのですか？」

楊　「日本の文化を 100％理解して活用していると思われたら、それは間違いで、外国人が感じる和風モダンをコンセプトとしています。純粋な「和」ではありません。この宿泊スタイルは、台湾や中国では既にビジネスが成り立っており、日本にインバウンドで来る外国人の富裕層は、魅力を感じるはずなので、ビジネスが成り立つと信じています。勿論、このビジネスを投資対象としても見ています。それは、希少価値のものを活用するということです。京都の経営資源で言えば、時間をかけて作ってきたもの（文化）に外国人に魅力があります。」

西河「在日の中国人コネクションの活用はありますか？」

楊　「中国にいた時代（若いころ）という関係性を見てきたが、日本に来てからはあえてそういうコネクションは使っていません。世代が若くなるにつれてそういう傾向はあるかもしれませえん。ただ、この京都が人縁や信用を重んじるので、コネクション社会かもしれないと感じると時もあります。」

西河「日本のナショナリテイや商習慣をどう思いますか？」

楊　「行政の窓口が多く、それぞれに、事業者が合わせないといけない法律があるので非常に煩雑です。全体で統括されていない感がある。ただし、日本社会の場合それでバランスが取れていると思われるところもあります。」

西河「日本人が海外で事業をするビジネスチャンスはありますか？」

揚　「日本のブランドのある商材で勝負する限りは、チャンスはあると思います。

　　ただし、一人のビジネスマンとして、事業を海外で立ち上げるという面だけ出来ると「言語の問題」で難しいと思います。日本の義務教育の問題かもしれません。TV の番組（ニュース）を見ていても海外事情関係は大きな事件や政治的ニュースばかりで参考になりません。」

西河「謝謝！（ありがとうございました）」

揚　「不要客気（いいえ、どうも）」

> TABITABI の町家は、京都の生活が息づいた街並みに点在しています。京都の町屋を改装し、もともとある素材を生かしつつ、現代の暮らしぶりに合うよう空間を作り直しました。細部にいたるまでこだわりが詰まっていますので、町家ごとに一味違う体験をお楽しみいただけます。

総括

ジャパンブランドを外国人から見た価値から入っているところにマーケティングの神髄がある。

今の中国の若い世代は中国人コネクションを使っていない。京都という地域性が、人縁や信用を重視するなど言われてみればもっともな点が多かった。

おわりに

　2022 年頃から、コロナ危機雪解けムードがあり、丁度その頃から円安基調になり、2023 年に入っては、インバウンド観光の要り込み客数は最盛期の 6〜7 割程度まで戻ってきた。

　本書では対海外ビジネススタート時に参考になるように出来うる限りその状況もデータとして捉えた。

　逆に本書では、外国人雇用の問題は技能実習生誘致制度改定の件も含めて詳細な説明は避けた。日本の人口構造の問題からいずれ「共生社会」向かう

　これは必然であるが、説明するのに 1 冊を要する話になり、かつ世界の非難を浴びて今、入管法関連の法律は大改正の作業中である。

　世界の動きの中で、ビジネスと人権の問題が盛んに論じられるようになった。

　企業の守るべきガイドラインを義務化させようという動きもある。その人権の問題の中にハラスメント・ダイバーシテイ・LGBT の人権の視点がある。

　低賃金で外国人を働かせるということはますます規制がなされていく情勢になるだろう。

　一時代前の海外進出ビジネス本には、東南アジアなどこれから発展する国でのマーケティングでは、「時間の巻き戻しの法則」が絶対的なものとして言われた。
一世帯年間 1,000$の収入で売れるのはバイク
一世帯年間 4,000$の収入で売れるのは車
機能は最低限のものでよいとされた。

　この法則は、現在でも通用するもののそう単純には通用しなくなってきた。

インドの TATA 社では、車の発売において、最低限の機能に絞り、まずは、走るだけの機能を優先した車を 50 万で国内販売をしたがまったく売れなかった。

これは、人々が、SNS などで、現在の最新テクノロジーを知るようになったことが理由とされている。

「ラグジュアリーな車とはこんなものではない」ということである。

また、時代が進み、ある局面では日本の方が遅れている現象も見え始めた。

日中での比較を見るとその現象が多くあり、キヤッシュレス取引においては日本の遅れは顕著である。

また長くデフレ経済で低賃金である分、一般ワーカーの労働者の賃金にも日本と発展途上国でも逆転現象が見られるようになった。

最後に、この複雑化した世の中で「A　こうすれば」→「B　業績が上向く」という教術的な法則はない。

時に中小企業自書で、A という施策を打てば、B 業績が上向くという 2 つのデータを並列表示して因果関係があるように誤解させる説明が載る。

「相関関係」と「因果関係」は違う。

中小企業の海外進出関連記事でも 2000 年代初頭の平成不況の頃、海外進出をすれば、業績が上向くと錯覚させるような説明があった。

その結果についてはここでは書かない。

最近では

A 早めに事業継承をする

B その会社の業績が上向く

という切り口で事業継承体制を急いている。

これを A→B という因果関係で見てはいけない。

あえて因果を言うならば B 業績の上向く素養のあった会社が、A の事業継承を早めにする余裕があつたとみた方が実態に近いことは

冷静に考えれば分かる。また、この因果関係が成り立たない背景に「合成の誤診」の問題がある。

コロナ騒ぎの最盛期の 2021 年に飲食業が一斉に補助金を活用して「テイクアウト」に乗り出して、そこで競合して、皆が投資損になった状況を思い出してもらえれば理解して貰えるだろう。

この「合成の誤診」の問題を解決するのが企業単位でのトライアンドエラーの積み重ねであり、それを積み重ねたものについては企業の独自の STORY となるので、容易にベンチマーキングされにくくなる。

流行の流通用語で言えば A/B テストの積み重ねである。

したがつてこの本では、海外進出するのが正解ということを言つていない。

全ては、その会社のあるいは起業家の試行錯誤力に依る。（最近では、「戦闘力」という言葉が使われるようになった）。

その試行錯誤の際のヒントを示したつもりである。

前述の A/B テストとは
・テーゼを決めて
・対象を限定してマーケティングして
試行錯誤を繰り返して、反応の良い方に、寄せていくという極めてシンプルかつロジカルな手法である。
加えるならば、これぞ、「カイゼン」の一手法であり、当然やるべき手法をなぜか流通に関する業種は避けてきた過去がある。
今回は、その A/B テストの第一間をもって本書を締めくくる。

A 御社は国内市場を目指す?
B 御社は海外市場を目指す?

2023 年 8 月

鐘井　輝

西河　豊

＜参 考 文 献＞

デービット・A・アーカー(2003)『ブランド・エクイティ戦略論』ダイ
　ヤモンド社。

エリン・メイヤー（2015)『異分野理解力』英治出版。

グロービス（2018)『図解基本フレームワーク50』ダイヤモンド社。

鐘井輝（2022)『国際マーケティング入門』三恵社。

鐘井輝（2001)『新規事業開発　中小企業診断士試験6』評言社。

鐘井輝（2015)『コンサルタントによるマーケティング理論とマネジメン
　ト実践』エコハ出版。

国際時事アナリスツ編（2021)『アジア29カ国のいまがわかる本』河出書
　房新社。

小坂恕（2004)『グローバル・マーケティング』株式会社国元書房。

小峰隆夫・村田啓子（2012)『貿易の知識』日本経済新聞社。

黒岩章（2008)『はじめての貿易入門塾』株式会社かんき出版。

丸谷裕一郎(2012)　『グローバル・マーケティング』株式会社創成社。

丸山ゴンザレス（2004)『アジア親日の履歴書』辰巳出版株式会社。

Michael E.Porter（1999）*ON CONPETITION,the* President and
　Fellows of Harvard College.（竹内弘高訳(1999)『競争戦略論Ⅰ』ダ
　イヤモンド社。）

Michael E.Porter（1999）*ON CONPETITION,the* President and
　Fellows of Harvard College.（竹内弘高訳(1999)『競争戦略論Ⅱ』ダ
　イヤモンド社。）

森辺一樹(2021)『グローバル・マーケティングの基本』日本実業出版社。

宗田好史（2020)『インバウウド再生』株式会社学芸出版社。

西河豊（2012)『それでも小売業は中国市場で稼ぎなさい』ＫＡＤＯＫＡ
　ＷＡ。

Peter F.Drucker（1954）*THE PRACTICE OF MANAGEMENT,*Harper
　&Brothers Publishers,New York.（野田一男・現代経営研究会訳(1987)
　『現代の経営（新装版）(上)』ダイヤモンド社。）

Philip Kotler（1995）　*MARKETING,ESSENTIALS,*東海大学出版会。

Philip Kotler（1999）*KOTLER ON MARKETING*,THE FREE PRESS,a division of Simon＆Schuster Inc.（木村達也訳(2000)『コトラーの戦略的マーケティング』ダイヤモンド社。）

Philip Kotler（2001）*A Framework for Marketing Management,FirstEdition*,Prentice-Hall,Inc.（恩藏直人・月谷真紀訳(2002)『コトラーのマーケティング・マネジメント基本編』ピアソン・エデュケーション。）

嶋口充輝（1993）『統合マーケティング』日本経済新聞社。

嶋口充輝・石井淳蔵（2002）『現代マーケティング［新版］』有斐閣。

徳田祐希(2022)　『越境ＥＣ・海外Webマーケティング』ＷＡＶＥ出版

<参考ＥＣサイト>
経済産業省　サイト
中小企業庁　サイト
外務省　サイト
農林水産省　サイト
日本政策金融公庫　サイト
NEXI　日本貿易保険　サイト
JBIC　国際協力銀行　サイト

著者紹介

鐘井　輝（かねい　あきら）
1976年立命館大学法学部卒業
1998年同志社大学大学院経済学研究科応用経済学専攻
博士課程前期課程修了
2015年滋賀県知事表彰（中小企業功労）
2018年　藍綬褒章受章（中小企業功労）
現在　一般社団法人滋賀県中小企業診断士協会専務理事
　　　日台中小企業交流促進協会会長
　　　ながはまグローカルチャレンジ応援事業審査会委員
　　　（公財）滋賀県建設技術センター　評議員
　　　大津商工会議所小規模企業振興委員
　　　大阪経済大学経営学部非常勤講師
　　　びわこ学院大学非常勤講師
主著　『国際マーケティング入門』（単著、三恵社）『マーケティングの諸問題』（共著、同友館）、『マーケティングの歴史的視角』（共著、同友館）、『流通業業態化への運動法則』（評言社）、『中小企業診断士試験6新規事業開発』（共著、評言社）、『コンサルタントによるマーケティング理論とマネジメント実践』（共著、エコハ出版）

西河　豊（にしかわ　ゆたか）
1984年　大阪外国語大学　中国語学部（現大阪大学　国際学部）
1984年　4月～2000年2月　金融機関勤務
　　　　2000年　独立開業
　　　　2016～2017年　大山崎町商工会会長
　　　　2022年　株式会社西河マネジメントセンター　設立
現在　西河経営・労務管理事務所、株式会社西河マネジメントセンター代表
中小企業診断士、社会保険労務士、経営革新支援認定機関、M&A支援認定機関、IT導入支援事業者
主著『補助金獲得へのロードマップ』『助成金獲得へのロードマップ』『待ったなし！外国人雇用』『非接触ビジネス推進と事業再構築』『事業再構築の教科書』『EX－CFOを使え！』『労務管理技術便覧』以上　三恵社

海外ビジネス スタートの教科書
― マーケット変化と参入方法　ケーススタディ ―

2023年 9月21日　　初 版 発 行

著　者　　鐘井　　輝
　　　　　西河　　豊

発行所　　株 式 会 社　　三 恵 社
〒462-0056 愛知県名古屋市北区中丸町2-24-1
TEL 052 (915) 5211
FAX 052 (915) 5019
URL http://www.sankeisha.com

ISBN978-4-86693-847-9 C3034